Stefan Wolf

Das Wort INSZENIEREN

Frische Texte und
Andachten für Gottesdienste
im ganzen Kirchenjahr

Inhaltsverzeichnis

Einleitung

Wir sind glücklich. Nach vielen Wochen feiern wir endlich wieder einen Gottesdienst in einer Gemeinschaft: am Karfreitag 2021. Wir fühlen uns aufgehoben. Die Atmosphäre ist zugewandt. Die Predigt ist gut verständlich und aktuell: Sie entfaltet den Gedanken, dass niemand in der Corona-Pandemie ohne Schuld bleibt, und weist auf die Vergebung hin, die am Kreuz von Jesus Christus sichtbar wird.

Mir wird deutlich, dass manchmal schon Kleinigkeiten ausreichen, um einen Gottesdienst zu so einer besonderen Erfahrung zu machen, dass ich noch Tage oder Wochen später an ihn denke. Zu diesen Kleinigkeiten gehört am Karfreitag 2021, dass wir diesen Gottesdienst draußen feiern – im Pfarrgarten in Aerzen. Es ist kühl, der Himmel ist bewölkt, aber die Vögel singen schon davon, dass die Schöpfung bald neu erwacht.

In diesem Buch finden sich Bausteine und Entwürfe für besondere Gottesdienste. Für mich liegt es auf der Hand, dass wir Veränderungen im Gottesdienst brauchen, um die Menschen mit Gottes Botschaft in Berührung zu bringen. Manchmal reichen schon Kleinigkeiten, um Gottesdienste besonders zu machen. Manchmal reicht es, einige Bausteine in einen Sonntagsgottesdienst einzufügen – zum Beispiel ein Anspiel oder eine szenische Lesung.

In vielen Gemeinden haben sich Menschen auf den Weg gemacht, um Neues im Gottesdienst zu wagen.[1] Das vorliegende Buch möchte diesen Prozess unterstützen. Ich selbst

1 Eine Sammlung, die mich persönlich sehr bereichert hat, findet sich in: Beatrice Aebi, Fritz Baltruweit u.a. (Hgg.), Sinfonia Oecumenica, Gütersloh/Basel 1998.

habe über 20 Jahre lang als Gemeindepastor gearbeitet und habe es oft so erlebt, dass die Ideen zwar da waren, aber schlicht die Zeit fehlte, um sie umzusetzen. Dieses Buch bietet eine Materialsammlung für alle, die an neuen Wegen im Gottesdienst interessiert sind. Der Schwerpunkt liegt dabei auf Anspielen, szenischen Lesungen, Bibelwort-Collagen und Dialog-Predigten.

Gespräche beleuchten Sachverhalte aus verschiedenen Sichtweisen und helfen dabei, Themen zu erschließen. Deshalb sollten sie im Gottesdienst stärker als bisher berücksichtigt werden. Das bedeutet auch, dass mehrere Leute den Gottesdienst vorbereiten und gestalten – und das ist immer für alle bereichernd.

Der Titel dieses Buches, »Das Wort inszenieren«, beschreibt mein Anliegen: Das Wort der Bibel, das »lebendig und kräftig und schärfer als jedes zweischneidige Schwert« (Hebräer 4,12) und manchmal auch »wie ein Feuer« (Jeremia 23,29) ist, wird in Szene gesetzt und in Verbindung gebracht mit dem Leben der Menschen. Ich bin davon überzeugt, dass sich Gottesdienste auf Erfahrungen beziehen müssen, wenn sie Menschen wirklich ansprechen wollen.[2]

»Ein Wort wie Feuer« ist der Titel eines Buches von Horst Klaus Berg, das Wege lebendiger Bibelauslegung aufzeigt.[3] Die dort vorgestellte erfahrungsbezogene Auslegung hat mich beim Verfassen meiner Texte geleitet. Für Berg wird sie zum Beispiel dort sichtbar, wo »bei der Erzählung von der Heilung eines Gelähmten (Markus 2,1-12) nicht länger nur die vergangene Wundertat thematisiert,

2 Vgl. die Überlegungen zur Predigt von Wilhelm Gräb, in: ders., Lebensgeschichten – Lebensentwürfe – Sinndeutungen: eine praktische Theologie gelebter Religion, Gütersloh 1998, S. 168f.

3 Horst Klaus Berg, Ein Wort wie Feuer. Wege lebendiger Bibelauslegung, München/Stuttgart 1991.

sondern der Text zum Gesprächsanlass darüber wird, was in uns selbst gelähmt ist und der Heilung bedarf«.[4]

Auf der einen Seite können eigene und fremde Erfahrungen in den biblischen Texten entdeckt werden – und damit ihr Deutungspotential für unser Leben. Auf der anderen Seite sind die Worte der Bibel im Lichte der Gegenwart zu lesen.

Damit sind wir bei dem Begriff der »Inszenierung«.[5] Mit diesem Begriff meine ich nicht nur die dramaturgische Komposition der liturgischen Elemente, sondern – anknüpfend an Henning Luthers Gedanken über die Predigt – den »Versuch, den Text in die Szenen unserer Situation, unserer Gegenwart zu versetzen, damit er da neu wirken und leben kann.«[6] Ein so verstandener Gottesdienst regt die Gemeinde zum aktiven Hören an, zum Weiterdenken und Weiterwirkenlassen der im Gottesdienst inszenierten Worte.[7]

Das vorliegende Buch enthält zwölf Andachten und Gottesdienste, die zum Teil in der Praxis erprobt und für die Veröffentlichung gründlich überarbeitet worden sind. Die Entwürfe können ganz übernommen werden oder in einzelnen Bausteinen. Denn dieses Buch will nicht nur eine Materialsammlung sein, sondern auch Impulse für die eigene Praxis geben.

4 Ders, a.a.O., S. 20. Vgl. a.a.O., S. 407-449.

5 Ursula Roth, Der Gottesdienst und das Modell des Theaters. Theaterwissenschaftliche Denkanstöße für zeitgenössische Gottesdiensttheorien, in: Irene Mildenberger, Klaus Raschzok und Wolfgang Ratzmann (Hgg.), Gottesdienst und Dramaturgie. Literaturwissenschaft und Theaterwissenschaft im Gespräch, Leipzig 2010, S. 89. Sie gibt einen guten Überblick über die verschiedenen Verständnisse von »Inszenierung« im praktisch-theologischen Diskurs.

6 Henning Luther, Predigt als inszenierter Text. Überlegungen zur Kunst der Predigt, Praktische Theologie 18, Jahrgang 1983, S. 97.

7 Vgl. ders., a.a.O., S. 99f.

Der Aufbau des Buches folgt dem Kirchen- und dem Kalenderjahr, weil sich das Gemeindeleben überwiegend daran orientiert. Die zeitlichen und thematischen Anknüpfungsmöglichkeiten der hier vorgestellten Andachten und Gottesdienste sind allerdings weitgehend flexibel. Die Christvesper am Heiligen Abend und der Gottesdienst in der Osternacht können natürlich nicht verschoben werden. Alle weiteren hier vorgestellten Andachten und Gottesdienste müssen nicht genau zu den vorgeschlagenen Festtagen oder Jahreszeiten gefeiert werden.

Jedem Entwurf ist eine Einleitung vorgeschaltet, die in den Gottesdienst einführt. Daraufhin folgen der liturgische Ablauf sowie einige Bausteine des Gottesdienstes. Nicht immer sind alle Elemente des Gottesdienstes ausformuliert. Zum einen wird dadurch deutlich, dass dieses Buch zum Entwickeln eigener Gottesdienste inspirieren will, zum anderen liegt der Schwerpunkt auf denjenigen liturgischen Elementen, die über die traditionelle Form hinausgehen. Der Einleitung folgt jeweils ein Ablauf. Die Elemente, die im Ablauf fett gedruckt sind, sind vollständig ausformuliert. Hinzu kommt eine kurze Liste mit Personal und Material, das für den Gottesdienst benötigt wird.

Auf zwei Dinge möchte ich noch hinweisen. Zum einen habe ich bei den Bibeltexten nahezu durchgängig die Lutherbibel von 2017 verwendet. Nur die Bibeltexte des Gottesdienstes zum Jahresanfang stammen aus der BasisBibel. Zum anderen bezieht sich die Abkürzung »EG« auf das Evangelische Gesangbuch. Ich benutze die Ausgabe der Evangelisch-Lutherischen Kirchen in Niedersachsen und für die Bremische Evangelische Kirche. Das Kürzel FT steht für das Liederbuch freiTöne, dem Beiheft zum Evangelischen Gesangbuch, das von der Evangelisch-Lutherischen Landeskirche Hannovers herausgegeben wird.

Ein Thema, das in vielen der hier vorliegenden Gottesdienste aufzufinden ist, ist der Neuanfang. Das hängt sicher damit zusammen, dass dieses Thema für mich persönlich bedeutend ist: Nach vielen Jahren in der Gemeinde bin ich noch einmal umgezogen und arbeite seit Anfang 2021 an der Elisabeth-Selbert-Schule in Hameln. Ich denke aber auch, dass der Neuanfang *das* zentrale Thema der Bibel ist: Gott schenkt uns immer wieder die Möglichkeit, neu zu beginnen.

Ihnen, liebe Leser*innen, wünsche ich, dass Sie sich auf den Weg machen, Neues ausprobieren und dabei gute Erfahrungen machen. Denn es bleibt immer unsere Aufgabe, dass wir uns von dem lebendigen Gott hinausrufen lassen aus dem Vertrauten und uns auf den Weg machen, um ihn zu suchen und von ihm gefunden werden.

Ein besonderer Dank geht an alle, mit denen ich in den vergangenen Jahren Gottesdienste gefeiert habe: Es hat mir Freude bereitet und mich inspiriert. Ich danke dem Team vom Gütersloher Verlagshaus für alle Hilfe beim Fertigstellen dieses Buches. Besonders danke ich meiner Lektorin Renate Hofmann, die mir von Anfang an Mut gemacht hat, dieses Buch zu schreiben. Ein großes Dankeschön geht an meinen Lektor Marcus Beier, der das Buch korrigiert hat und viele gute Tipps gegeben hat. Herzlich danke ich meinem Freund Dirk Stelter, der dieses Projekt von Beginn an begleitet hat, alle Texte kritisch durchgesehen hat und mir mit seinen wertvollen Hinweisen immer weitergeholfen hat.

Ich danke meinen Eltern, dass sie meinen Weg in vielerlei Hinsicht unterstützt haben. Ein ganz herzlicher Dank geht an meine Familie: an meine Frau Anja und unsere Kinder. Ohne euch hätte ich dieses Buch nicht schreiben können – danke, dass ihr an meiner Seite seid!

1. Advent:

LICHT FÄLLT EIN

Andacht mit Songzitaten, Bibelworten und persönlichen Gedanken zum Song »Anthem« von Leonard Cohen

Einführung

»Wo bleibst du, Trost der ganzen Welt,
darauf sie all ihr Hoffnung stellt?
O komm, ach komm vom höchsten Saal,
komm, tröst uns hier im Jammertal.«
(EG 7,4)[1]

»Jetzt beginnt sie wieder, die besinnungslose Zeit«, sagte einmal jemand zu mir am Anfang der Adventszeit. Ich fand diese Einschätzung sehr treffend. Viele Menschen sehnen sich im Advent nach Besinnlichkeit, aber nur die wenigsten kommen wirklich zur Ruhe und zur Einkehr.

Es kommt eben immer viel zusammen in der Adventszeit. Das Weihnachtsfest soll umfassend vorbereitet werden und auch so ist allerlei los. Adventskaffee hier, Weihnachtsfeier da, Geschenke kaufen, Weihnachtsmarkt besuchen, Krippenspiel proben, Kinder zum Vorspiel der Musikschule fahren. Außerdem geht das Kalenderjahr zu Ende und das bringt weitere Verpflichtungen mit sich – bei der Arbeit und zuhause.

1 EG steht für das Evangelische Gesangbuch. Ich habe durchgängig das Gesangbuch der Evangelisch-Lutherischen Kirchen in Niedersachen und für die Bremische Evangelische Kirche verwendet.

Auch in den Kirchengemeinden ist viel zu tun in dieser Zeit, oft viel zu viel. Das lässt sich grundsätzlich nicht einfach verändern. Denn wir als Kirche müssen in der Adventszeit präsent sein. Allerdings dürfen wir uns nicht in der Fülle unserer Angebote verlieren.

Ein Lösungsansatz könnte darin bestehen, dass nicht alle Gemeinden in einer Region dasselbe Programm anbieten müssen. Eine Gemeinde könnte zum Beispiel mit einem Stand auf einem Weihnachtsmarkt präsent sein, während in der Nachbargemeinde ein Konzert angeboten wird.

In der Friedensgemeinde Wiesmoor haben wir in der Woche zwischen dem dritten und dem vierten Advent drei Andachten gefeiert. Wir haben sie »Atempause im Advent« genannt. Diese Andachten wurden sehr gut angenommen. Ein Grund dafür liegt vermutlich darin, dass sie das Bedürfnis nach Ruhe und Besinnung in einer hektischen Zeit aufgenommen haben. Oft standen Meditationen von Liedern oder Bildern im Mittelpunkt.

Der vorliegende Entwurf setzt einen anderen Akzent. Er bezieht sich auf den Song »Anthem« des kanadischen Singer-Songwriters Leonard Cohen.[2]

Dieser Song handelt zwar nicht vom Advent, lässt sich aber mit ihm in Verbindung bringen. Er skizziert Bilder von der verzweifelten Lage der Welt. Und doch macht er Mut, nicht aufzugeben. Der Song verweist auf das Licht, das durch die Risse scheint.[3]

2 Leonard Cohen setzt sich auf vielfältige Weise in seinen Songs mit der Religion auseinander. Vgl.: Stefan Wolf, Spread Your Wings. Der Priester und die Königin, in: Doppelalbum – Popmusik und Biographie, hrsg. vom Haus kirchlicher Dienste der Ev.-luth. Landeskirche Hannovers, Hannover 2020, S. 116-119.

3 Hier wird ein Motiv der jüdischen Mystik aufgegriffen: das Zerbrechen von Gefäßen während der Schöpfung. Durch die so entstandenen Risse scheint das göttliche Licht in die Welt. Eine kurze Einführung in die Kabbala findet sich im Internet unter: https://www.deutschlandfunkkultur.de/stroemung-juedischer-mystik.1278.de.html?dram:article_id=192206 – aufgerufen am 6.1. 2021.

Der Dialog mit dem Song »Anthem« führt zur messianischen Dimension der Adventszeit: Mit Jesus Christus kommt der Messias in die Welt, den die Propheten verheißen haben, und der die Welt grundlegend verwandelt. »Adventszeit ist Zeit der Hoffnung, dass Gott beim Wort zu nehmen ist als der, der von sich sagt: ›Siehe, ich mache alles neu.‹«[4]

Ablauf

Orgelmusik

Eröffnung (Andacht Teil I)

Song »Anthem«

Da ist ein Riss in allen Dingen ... (Andacht Teil II)

Lied »O Heiland, reiß die Himmel auf«, EG 7,1-4

Dadurch fällt das Licht herein (Andacht Teil III)

Lied »Das Volk, das noch im Finstern wandelt«, EG 20,1-4+8

Gebet

Vaterunser

Segen

Lied »Die Nacht ist vorgedrungen«, EG 16,1

Orgelmusik

Personen & Material

- Vier Sprecher*innen
- Gerät zum Abspielen von Musik (z.B. Verstärker-Anlage mit Musik-Datei, Handy mit Bluetooth-Lautsprecher, CD-Player oder Ähnliches)
- Lied »Anthem« von Leonard Cohen

4 Matthias Morgenroth, Weihnachts-Christentum. Moderner Religiosität auf der Spur, Gütersloh 2002, S. 224.

Licht fällt ein – Andacht

Orgelmusik

Eröffnung (ca. 2 Min.)

S1: Endlich Advent!

S2: Schrecklich, Advent!

S1: Der trübe November mit seinen düsteren Feiertagen ist endlich vorbei.

S3: Ja, Advent, das ist die Zeit der Besinnlichkeit. Es ist die Zeit der Kerzen und der Lichter.

S1: Glühwein und Spekulatius ...

S3: Und Zimtsterne!

S2: Was hat Advent mit Besinnlichkeit zu tun? Es ist so viel zu tun in diesen Tagen. Viel zu viel! Wir spulen unser Programm ab. Wir sehnen uns nach Ruhe, aber machen immer mehr. Am Ende sind alle nur noch gehetzt. Hör mir auf mit Advent!

S4: Ich fühle mich noch einsamer in dieser Zeit. Das Fest der Liebe steht bevor. Aber ich habe niemanden, der mich liebt.

S1: Advent: Das ist die Zeit der Erwartung. Der Erlöser kommt in unsere Welt! Und alles wird anders.

S3: Der Prophet Sacharja schreibt: »Siehe, dein König kommt zu dir, ein Gerechter und ein Helfer!« (Sacharja 9,9b)

S2: Aber wer sieht das noch im Shopping-Rausch bis Mitternacht? Wer sieht das noch?

Der Song »Anthem« von Leonard Cohen wird eingespielt.

Da ist ein Riss in allen Dingen … (ca. 3,5 Min.)

S1: Das ist ein Song von Leonard Cohen, dem großen kanadischen Singer-Songwriter, der 2016 verstorben ist und viele wunderschöne Songs geschaffen hat. Am bekanntesten ist sicherlich sein »Halleluja«. Dieser Song heißt »Anthem« – zu Deutsch: »Hymne«.

S2: Aber das ist keine pompöse Hymne, die wir eben gehört haben. Es ist ein melancholischer Song. Das entspricht meiner momentanen Gefühlslage. Die trüben Novembertage liegen mir noch auf der Seele.

S3: Der Song zeichnet ein Bild unserer Welt. Zu diesem Bild gehören Kriege, die weitergekämpft werden, und Mörder in hohen Positionen sowie die heilige Taube, die gefangen genommen wird und niemals frei sein wird.

S4: Gemeint ist wahrscheinlich die Friedenstaube. Manches in dem Songtext bleibt rätselhaft. Das ist oft so bei Leonard Cohen. Das finde ich aber nicht weiter schlimm. Denn es wird deutlich: Es ist ein düsteres Bild, das der Song von unserer Welt zeichnet.

S1: Mich erinnert der Song an die Unheilsprophetie in der Bibel. Da ist von Zeichen, die geschickt wurden, die Rede, und von einem Gewittersturm, der heraufbeschworen wurde.

S2: »So spricht Gott der Herr: Ich will einen Wirbelwind losbrechen lassen in meinem Grimm und einen Platzregen in meinem Zorn und Hagel wie Steine im Grimm, um alles zu vernichten.« (Ezechiel 13,13)
So steht es beim Propheten Ezechiel.

S3: Gott ist wütend, weil die Menschen achtlos miteinander umgehen. Die Reichen nehmen keine Rücksicht auf die Armen. Die Mächtigen machen, was sie wollen. Einige Zeilen vorher schreibt Ezechiel: »Unrecht blüht und Vermessenheit grünt. Gewalttat hat sich erhoben und wird zum Zepter des Frevels.« (Ezechiel 7,10b.11a)

S4: Es ist ein Riss in unserer Welt. Manche Leute wirken unerreichbar. Zum Beispiel die, denen es egal ist, wie es anderen geht. Die sehen nur sich selbst. Oder die, die von »alternativen Fakten« reden. Wie kann man noch mit denen ins Gespräch kommen?

S1: Da ist ein Riss in unserer Welt. Es gibt so viele ungelöste Konflikte. Aber was ist mit mir? Gehöre ich immer zu den Guten? Ich habe manchmal so schlimme Gedanken in mir, dass ich mich über mich selbst erschrecke.

S2: Da ist ein Riss in mir. Vor einigen Wochen ist eine schlimme Krankheit bei mir festgestellt worden. Etwas zerbrach in mir an diesem Tag. Es war mein Vertrauen in das Leben.

S3: Da ist ein Riss in meinem Herzen. Kurz vor der Silberhochzeit hat mich mein Mann verlassen. Damals ist mein Leben zerbrochen.

S4: Wie heißt es beim Propheten Sacharja? »Siehe, dein König kommt zu dir, ein Gerechter und ein Helfer!« (Sacharja 9,9b)

Lied »O Heiland, reiß die Himmel auf«, EG 7,1-4

Dadurch fällt das Licht herein (ca. 3,5 Min.)

S1: Es gibt Hoffnungsspuren in dem Song von Leonard Cohen.

S2: »Da ist ein Riss in allen Dingen. Dadurch fällt das Licht herein.« So heißt der Refrain des Songs.

S3: Der Song spielt hier auf ein Motiv aus der jüdischen Mystik an: Bereits in der Schöpfung ist ein Riss entstanden, der alle Dinge durchzieht. Aber gerade durch ihn scheint in die Welt göttliches Licht.

S4: Es gibt so viele Risse in der Welt. Es gibt so viel Schlimmes, was Menschen einander antun. Gewalt, Lügen und Intrigen. Aber das ist nicht alles.

S1: Der Prophet Jesaja schreibt: »Das Volk, das im Finstern wandelt, sieht ein großes Licht, und über denen, die da wohnen im finstern Lande, scheint es hell.« (Jesaja 9,1)

S2: In der Adventszeit warten wir auf das Licht.

S3: Gott selbst ist das Licht. Er kommt in unsere Welt. In seinem Sohn Jesus Christus. Klein und unscheinbar. Und doch wie ein Licht, das alle Dunkelheit erhellt.

S4: Die Enttäuschungen des Lebens sind nicht alles. Es gibt noch mehr.

S1: Leonard Cohen singt von den liebenden Herzen, die herbeieilen.

S2: Die liebenden Herzen stehen für die Menschen, die sich vom Leid berühren lassen und die sich danach sehnen, dass sich etwas ändert.

S3: Und die Veränderung geschieht: Gott selbst sieht das Leid auf der Erde und lässt sich davon berühren.

S4: Er scheut das Leid nicht und schickt seinen Sohn, der alles Leid durchlebt und auf sich nimmt. Das gibt Hoffnung. Wir sind nicht allein.

S1: Gott kommt mit seinem Licht.

S2: Wir können dieses Licht in unserem Leben erkennen – durch die Risse hindurch.

S3: Enttäuschungen gehören zum Leben dazu. Aber wenn wir uns nicht von ihnen unterkriegen lassen, helfen sie uns zu wachsen und zu reifen.

S4: »Da ist ein Riss in allen Dingen. Dadurch fällt das Licht herein.«

S1: In diesem Licht erkenne ich die Hoffnungsspuren in unserer Welt, sehe ich die Menschen, die nicht aufgeben, die sich für Gerechtigkeit einsetzen.

S2: Als ich krank geworden bin, habe ich erkannt, was wirklich wichtig ist. Und ich habe viele Zeichen von Freundschaft und Liebe erhalten. Das war das Licht, das durch die Risse scheint.

S3: Monate später, nachdem mein Mann mich verlassen hatte, erkannte ich: Meine Ehe war zerbrochen, aber nicht mein Leben. Es geht weiter. Ich darf leben. Das ist das Licht, das durch die Risse scheint.

S4: Am Anfang seines Songs singt Leonard Cohen: »Die Vögel sangen im Morgengrauen: Fang nochmal an.«

S1: Selbst wenn alles zerbrochen ist: Fang nochmal an.

S2: Denn Gott fängt neu mit dir an.

S3: Das ist das Licht, …

S4: … das durch die Risse scheint.

Lied »Das Volk, das noch im Finstern wandelt«, EG 20,1-4+8

Gebet

Vaterunser

Segen

Lied »Die Nacht ist vorgedrungen«, EG 16,1

Orgelmusik

Idee zum Weiterdenken

Diese Andacht kann durch Lesungen erweitert oder in einen Adventsgottesdienst integriert werden. Besonders eignet sich der 2. Adventssonntag, der sowohl die Klage über den Zustand dieser Welt als auch die Hoffnung auf Gottes heilendes Eingreifen zum Ausdruck bringt. Die vorgeschlagenen Lesungen und Predigttexte – wie Jesaja 63,15-64,3 *(»Ach dass du den Himmel zerrissest und führest herab, dass die Berge vor dir zerflössen.« Jesaja 63,19b)* oder Lukas 21, 25-33 *(»Wenn aber dieses anfängt zu geschehen, dann seht auf und erhebt eure Häupter, weil sich eure Erlösung naht.« Lukas 21,28)* – können gut mit den Gedanken der Andacht verbunden werden.

2. Weihnachten:

KEIN ROTER TEPPICH FÜR DEN RETTER

Krippenspiel für Konfirmand*innen

Einführung

»Er stößt die Gewaltigen vom Thron
und erhebt die Niedrigen.«
(Lukas 1,52)

Das Krippenspiel ist fester Bestandteil der Gottesdienste am Heiligabend. Ich empfehle, außer dem Krippenspiel für die kleineren Kinder ein weiteres anzubieten, das mit Konfirmand*innen eingeübt wird. Dieses kann in einem eigenen Gottesdienst nach dem Krippenspiel für die kleineren Kinder aufgeführt werden. Das hat den Vorteil, dass es Jugendliche, ihre Eltern und Großeltern sowie viele Gemeindeglieder, die sonst selten zur Kirche gehen, mehr anspricht als das Krippenspiel für die Kleinen oder die traditionelle Christvesper mit der Lesung der Weihnachtsgeschichte.

Ich selbst habe für diesen Gottesdienst gerne humorvolle Krippenspiele ausgesucht, die die Weihnachtsgeschichte mehr oder weniger verfremden, um mit etwas Ungewöhnlichem die Aufmerksamkeit und Offenheit zu stärken. Im Folgenden präsentiere ich ein Krippenspiel, das ich selbst geschrieben habe.

Bevor ich dieses Krippenspiel vorstelle, möchte ich auf einen grundsätzlichen Aspekt eingehen. Ich habe einmal einen Leserbrief in einer kirchlichen Zeitschrift gelesen, in dem sich jemand über die modernen Krippenspiele beschwerte. Sie würden die Botschaft der Weihnachtsgeschichte verfehlen. Der Verfasser plädierte dafür, die Weihnachtsgeschichte in Krippenspielen einfach nachzuspielen. Obwohl aus meiner Sicht dieser Kritik eine eher schlichte Hermeneutik zugrunde liegt, sollte man diese Position nicht einfach abtun. Sie erinnert vielmehr daran, bei der Auswahl der Krippenspiele und auch beim Inszenieren sorgfältig auf die theologischen Aussagen zu achten. Effekte zum Beispiel sind wichtig, sollten aber insgesamt nicht zu sehr im Vordergrund stehen. Darüber hinaus ist im Blick zu behalten, dass jede Verfremdung der Weihnachtsgeschichte in einer Zeit, in der die Kenntnis der biblischen Weihnachtsperikopen nicht mehr selbstverständlich ist, die Verstehensvoraussetzungen für diese Verfremdung in sich tragen muss und dadurch auch dafür sorgt, die grundlegende Geschichte zu tradieren.

Das Krippenspiel »Kein roter Teppich für den Retter« kombiniert die Geburtsgeschichten der Evangelisten Lukas und Matthäus, wie das viele andere Krippenspiele auch tun. Es enthält so manche Einlage und Anspielungen aus Filmen und Comics, die zum Schmunzeln anregen sollen, aber seine Botschaft ist dennoch ernst: Gott verzichtet um der Menschen willen auf seine Macht.[1] Sein Sohn Jesus Christus, der Retter der Welt, kommt nicht im kaiserlichen Palast, sondern unter ganz einfachen Umständen zur Welt. Für ihn wird nicht, wie für einen Star, ein roter Teppich

1 Vgl. zu diesem Gedanken Jürgen Moltmann, Der lebendige Gott und die Fülle des Lebens. Auch ein Beitrag zur gegenwärtigen Atheismusdebatte, Gütersloh 2014, S. 54-56.

ausgerollt. Damit hat er schon damals so manche Erwartung enttäuscht. Heute ist es nicht anders. Viele wünschen sich einen Gott, dessen Macht eindeutiger erkennbar ist. In einer Welt, die immer mehr nach Optimierung und Perfektion strebt, ist Gottes leidenschaftliches Eintreten für das Schwache ein heilsamer Widerspruch.

So spricht der biblische Text auch in unsere Zeit hinein. Auf der anderen Seite beeinflusst die gegenwärtige Situation die Lektüre der Bibel. Als ich die erste Version des Krippenspiels im Herbst 2015 schrieb, war die europäische Flüchtlingskrise auf ihrem Höhepunkt. Auf diesem Hintergrund habe ich die Weihnachtsgeschichte noch einmal neu gelesen. Und so hat auch die damalige Gegenwart ihre Spuren in dem Krippenspiel hinterlassen.

Ablauf

Orgelvorspiel

Begrüßung

Lied »Herbei, o ihr Gläub´gen«, EG 45,1-3

Gebet

Krippenspiel »Kein roter Teppich für den Retter«

Szene 1-3

Lied »Macht hoch die Tür«, EG 1,1

Szene 4

Lied »Ihr Kinderlein kommet«, EG 43,1

Szene 5

Lied »Ihr Kinderlein kommet«, EG 43,2-3

Szene 6

Lied »Ihr Kinderlein kommet«, EG 43,4

Predigt

Lied »Stille Nacht«, EG 46,1-3

Ansagen

Gebet und Vaterunser

Segen

Lied »O du fröhliche«, EG 44,1-3

Orgelnachspiel

Personen & Material

- 22 Rollen (Personen können mehrere Rollen haben)
- Kostüme und Requisiten können je nach Situation vor Ort eingesetzt werden.

Kein roter Teppich für den Retter – Krippenspiel

Orgelvorspiel

Begrüßung

Lied »Herbei, o ihr Gläub´gen«, EG 45,1-3

Gebet

[Rollen: *1. Engel, 2. Engel, 3. Engel, 4. Engel, Martha, Deborah, Miriam, Römischer Hauptmann, 1. Weiser, 2. Weiser, 3. Weiser, Herodes, 1. Diener, 2. Diener, Maria, Josef, 1. Wirt, 2. Wirt, 1. Hirte, 2. Hirte, 3. Hirte, 4. Hirte*]

1. Szene: Im Himmel (Gesamtdauer des Krippenspiels ca. 20 Min.)

1. Engel *(sitzt traurig im Altarraum)*

2. Engel *(kommt dazu)*: Hallo, was ist denn mit dir los? Warum lässt du denn so traurig die Flügel hängen?

1. Engel: Immer, wenn ich auf die Erde schaue, werde ich ganz traurig. Die meisten Menschen achten nur auf sich selbst. Es gibt so viel Lügen und Intrigen, Hass und Gewalt.

2. Engel: Das stimmt! Aber davon musst du dich doch nicht herunterziehen lassen. Wir sind doch hier im Himmel!

1. Engel: Ja, und? Uns kann doch nicht alles egal sein, was auf der Erde passiert. Unserem Herrn ist es schließlich auch nicht egal!

3. Engel *(kommt gut gelaunt dazu)*: Hallo! Und damit sind wir wieder komplett: Drei Engel für Charlie! – Ups, ihr seid nicht so gut drauf?

1. Engel *(genervt)*: Du hast aber auch immer gute Laune.

2. Engel: Wir haben wieder unsere »Die-Welt-ist-schlecht-Depression«.

3. Engel: Oh nein, können wir nicht einfach einmal wieder ein bisschen Spaß haben?

1. Engel: Ich kann auch woanders hingehen.

4. Engel *(tritt auf)*: Hört auf, euch zu streiten! Wir haben einen Auftrag!

3. Engel: Einen Auftrag? Das klingt spannend!

2. Engel: Einen Auftrag? Von wem?

4. Engel: Na, vom Chef persönlich! Ihr werdet es nicht glauben: Er will selbst als kleines Kind auf die Erde kommen!

3. Engel: Das muss man ihm lassen: Er hat schon geniale Ideen.

2. Engel: Dann wird vielleicht doch alles wieder besser!

1. Engel: Na, warten wir es erst einmal ab. Ob das gut geht?

2. Engel: Was ist unsere Aufgabe?

4. Engel: Wir sollen die Geburt des göttlichen Kindes ankündigen.

3. Engel *(begeistert)*: Scheinwerferlicht, roter Teppich, Ladies and Genlemen ...

4. Engel: Nein. Nacht, Schafsweide, Bethlehem.

3. Engel: Okay, auch nicht schlecht.

2. Engel: Dann lasst uns aufbrechen!

1. Engel: Ich bin dabei!

2. Szene: Auf dem Weg zum Markt

Martha *(betritt die Bühne mit einem Einkaufskorb, trifft auf Deborah, die ebenfalls mit einem Einkaufskorb unterwegs ist)*: Guten Morgen, Deborah! Bist du auch unterwegs zum Markt?

Deborah: Ja, aber ich bin spät dran.

Martha: Wieso das denn?

Deborah: Überall sind diese Fremden in der Stadt! Nicht, dass die uns noch alles wegkaufen!

Martha: Hallo? Fremde? Das sind unsere Landsleute!

Deborah: Landsleute hin, Landsleute her! Die sind aber nicht von hier. Einige sehen ganz anders aus. Die machen mir Angst.

Martha: Jetzt reg dich doch nicht so auf. Die Leute sind doch wegen der Volkszählung hier. Jeder muss in seine Geburtsstadt gehen. Das ist ein Befehl des Kaisers. Wir beide müssen nicht weg, weil wir in Bethlehem geboren sind.

Deborah: Genau, wie alle vernünftigen Leute!

Martha: Deborah, ich erkenne dich überhaupt nicht wieder! – Oh, guck, da kommt Miriam! Miriam, was machst du denn für ein Gesicht?

Miriam: Ich komme gerade vom Markt. Wenn das so weiter geht, dann kann ich bald nichts mehr einkaufen.

Martha: Wenn was so weiter geht?

Miriam: Die Preise sind schon wieder angestiegen, weil die Römer wieder die Steuern erhöht haben.

Deborah: Die spinnen, die Römer!

Martha: Na, da hast du ausnahmsweise mal Recht.

Miriam: Ich wünschte, die Römer wären weg und wir wären endlich frei.

Deborah: Ach, wenn sich doch nur viele Männer fänden, die mutig genug wären, die Römer zu vertreiben!

Martha: Die hätten keine Chance. Die Römer sind einfach stärker.

Miriam: In den Büchern der Propheten wird davon erzählt, dass eines Tages einer kommt, der Frieden bringt. Der Messias!

Deborah: Na, auf den kannst du lange warten.

Römischer Hauptmann *(kommt dazu)*: Was schwatzt ihr Weiber da?

Deborah: Wir reden nur so.

Römischer Hauptmann: Ich habe euch zugehört. Habt ihr euch etwa über die Steuern beschwert?

Deborah: Über die Steuern? Wir? Nein ...

Miriam: Wir haben über den Messias gesprochen.

Römischer Hauptmann: Über den ... was?

Miriam: Der wird eines Tages kommen – und dann wird es mit eurer Herrschaft ein Ende haben. Dann wird Frieden sein.

Martha: Miriam, was redest du denn ...

Römischer Hauptmann: Lass sie doch! Das ist doch lächerlich. Das römische Reich wird niemals untergehen. Aber euren Messi-Dingsda interessiert in ein paar Jahren niemanden mehr.

Miriam: Der Messias wird kommen, du wirst schon sehen.

Römischer Hauptmann: Jetzt macht, dass ihr fortkommt! Sonst lasse ich euch ins Gefängnis werfen!

3. Szene: Bei Herodes

Herodes *(sitzt auf seinem Thron, ruft)*: Diener!

1. Diener (*eilt herbei*): Mein König, Sie haben gerufen?

Herodes: Ja, wer denn sonst, du Wurm! Wie weit sind die Vorbereitungen für mein Fest?

1. Diener: Die Vorbereitungen laufen gut an, mein König. Wir haben viele Fässer Wein gekauft. Gestern haben wir eine ganze Rinderherde geschlachtet. Es wird ein rauschendes Fest werden, mein König!

Herodes: Das will ich auch hoffen, du Nichtsnutz! Sonst werden wir dich zum Nachtisch servieren!

1. Diener: Aber, mein König ...

2. Diener *(tritt auf)*: Mein König, ich bringe die drei Weisen aus dem Morgenland, wie du es befohlen hast.

Herodes: Sehr gut! Da bin ich aber mal gespannt!

(Die drei Weisen treten auf, sie verbeugen sich vor Herodes.)

2. Diener: Das ist Herodes, König von Judäa, Galiläa und Samaria. Mein König möchte eure Namen wissen.

1. Weiser: Gerne. Mein Name ist Caspar.

2. Weiser: Ich heiße Melchior.

3. Weiser: Und ich bin Balthasar. Wir kommen von weit her. Weswegen haben Sie uns zu sich gerufen?

Herodes: Ich habe gehört, dass ihr bei euch zuhause im Morgenland einen Stern gesehen habt, der euch die Geburt eines neuen Königs angekündigt hat.

1. Weiser: Das ist richtig. Wir beobachten schon lange die Sterne. Aber diesen Stern hatten wir bisher noch nicht gesehen.

2. Weiser: Wir sind uns sicher, dass er die Geburt eines neuen Königs anzeigt.

3. Weiser: Und deshalb haben wir uns auf den weiten Weg nach Bethlehem gemacht.

Herodes *(einschmeichelnd)*: Ich bin beeindruckt von eurer Weisheit. Und ich freue mich, dass ein neuer König geboren wird. Bitte tut mir einen Gefallen: Wenn ihr das Kind in Bethlehem gefunden habt, dann sagt mir doch bitte Bescheid. Ich möchte es mir auch gerne einmal ansehen.

1. Weiser: Wir werden tun, was Sie von uns verlangen.

2. Weiser: Aber jetzt müssen wir erst einmal weiter.

3. Weiser: Wir empfehlen uns.

(Die drei Weisen verbeugen sich und treten ab)

Herodes: Ein neuer König? Wenn die Geschichte von diesen drei Spinnern stimmt, dann werde ich mir das Baby einmal vorknöpfen.

2. Diener: Aber, mein König, ein Baby ...

Herodes *(steht auf)*: Na, und? Ich dulde keinen neuen König. *Ich* bin der König. Der *einzige* König und das soll auch so bleiben!

Lied »Macht hoch die Tür«, EG 1,1

4. Szene: Auf der Suche

(Maria und Josef betreten die Bühne)

Josef: Endlich sind wir da! Komm, Maria, wir haben es geschafft! Jetzt müssen wir nur noch ein Zimmer finden.

Maria: Ich bin froh, dass wir endlich da sind. Viel länger hätte ich nicht mehr laufen können. Hoffentlich bekommen wir irgendwo noch ein Zimmer. (*Sie bleibt stehen*)

Josef: Was ist los?

Maria: Ich glaube, es geht bald los.

Josef: Meinst du wirklich? Ach, wären wir doch in Nazareth geblieben. Da hätten wir wenigstens eine Hebamme gehabt.

Maria: Josef, wir werden es schon schaffen. Der Engel hat mir gesagt, dass alles gut werden wird.

Josef: Du hast Recht, Maria, wir schaffen das schon. Ich werde mal in diesem Gasthaus fragen, ob noch ein Zimmer frei ist. *(klopft an die Tür)*

1. Wirt *(tritt auf)*: Was wollt ihr?

Josef: Mein lieber Wirt, wir sind hier wegen der Volkszählung. Wir suchen ein Zimmer. Meine Frau ist hochschwanger. Es kann sich nur noch um ein paar Stunden handeln ...

1. Wirt *(streng)*: So jung und schon schwanger? Aber gut, das ist nicht mein Problem. Ich habe kein Zimmer für euch. Ihr werdet auch in den anderen Gasthäusern keines finden. Die ganze Stadt ist voll von Leuten.

Maria: Aber wo sollen wir denn jetzt hin?

1. Wirt: Das ist euer Problem. Ich habe meine eigenen Probleme. Ich habe mir diese Volkszählung auch nicht ausgedacht. Hier könnt ihr jedenfalls nicht bleiben. *(tritt ab)*

Josef (*wütend*): Was für ein Egoist! Am liebsten würde ich …

Maria: Josef, das bringt doch nichts! Reg dich nicht auf! Aber was machen wir denn jetzt? Er sagt, dass es keine freien Zimmer mehr gibt.

Josef: Ich frage trotzdem in dem Gasthaus da hinten noch einmal nach. Vielleicht geschieht ein kleines Wunder und es gibt doch noch ein Zimmer für uns. *(klopft an die Tür)*

2. Wirt *(tritt auf)*: Was wollt ihr?

Josef: Wir suchen ein Zimmer. Wir haben einen weiten Weg hinter uns. Meine Frau wird heute noch ein Kind zur Welt bringen.

2. Wirt: Ich habe leider kein Zimmer für euch.

Maria: Bitte, es kann auch ein ganz kleiner Raum sein. Ich will mein Kind nicht in der kalten Nacht unter freiem Himmel zur Welt bringen müssen.

2. Wirt: Hm, im Gasthaus ist wirklich alles voll. Aber ihr könnt im Stall übernachten. Ihr müsst ihn euch nur mit unserem Ochsen teilen.

Maria: Danke, lieber Wirt. Das ist besser als kein Dach über dem Kopf.

2. Wirt: Dann kommt mal mit. Ich zeige euch, wo es lang geht.

Lied »Ihr Kinderlein kommet«, EG 43,1

5. Szene: Die Botschaft

(Hirten stehen auf der Bühne oder sitzen im Halbkreis um ein »Lagerfeuer«)

1. Hirte: Was für eine kalte Nacht!

2. Hirte: Es wird immer kälter und dunkler!

3. Hirte: Warum bin ich bloß Hirte geworden!

4. Hirte: Hört auf zu jammern! Das ist ja furchtbar mit euch! Schaut euch doch mal diesen wunderbaren Sternenhimmel an! Ist der nicht prachtvoll?

1. Hirte: Du hast Recht! Jammern ändert auch nichts.

2. Hirte: Da hinten ist ein Stern, den ich noch nie gesehen habe.

4. Hirte: Wahnsinn! Wie hell der ist!

3. Hirte: Was schaut ihr in den Himmel! Hier auf der Erde sind unsere Probleme!

4. Hirte: Der Blick in den Himmel bringt Abstand! Wenn du immer nur auf die Probleme starrst, änderst du auch nichts.

2. Hirte: Was soll sich ändern? Wir sind arm und die meisten Menschen halten nicht viel von uns. Das wird sich auch niemals ändern.

4. Hirte: Sag niemals nie!

1. Hirte: In den Heiligen Schriften wird Gott mit einem Hirten verglichen ...

2. Hirte: Dann sind wir vielleicht doch mehr wert, als wir denken.

1. Hirte: Natürlich sind wir das!

3. Hirte: Aber trotzdem ist unser Land immer noch besetzt! *(steht auf)* Am liebsten würde ich gegen die Römer kämpfen!

2. Hirte: Aber das bringt doch nichts!

4. Hirte: Eines Tages wird der Messias kommen. Dann wird Frieden sein.

3. Hirte: Darauf kannst du lange warten.

3. Engel *(aus der Sakristei)*: So, jetzt kommt unser großer Auftritt. Ladies and gentlemen ...

4. Engel: Pssst! Sei leise! Du vermasselst alles!

3. Engel: Okay, okay ...

1. Hirte: Ich höre Stimmen!

2. Hirte *(erschrocken)*: Was ist da los?

1. Engel (*von der Kanzel*): Fürchtet euch nicht! Wir verkünden euch eine Botschaft, die das ganze Volk mit großer Freude erfüllen soll.

2. Engel: Heute ist für euch in der Stadt, in der schon der König David geboren wurde, der lang ersehnte Retter zur Welt gekommen.

3. Engel: Es ist Christus, der Herr!

4. Engel: Und daran werdet ihr ihn erkennen: Das Kind liegt, in Windeln gewickelt, in einer Futterkrippe.

Alle Engel: Ehre sei Gott im Himmel! Er bringt der Welt Frieden und schenkt den Menschen seine Liebe. *(Engel treten ab)*

3. Hirte: Das gibt es ja nicht!

4. Hirte: Endlich, der Messias ist da!

1. Hirte: Worauf warten wir noch? Lasst uns aufbrechen!

2. Hirte: Aber wir haben doch gar keine Geschenke! Und die Schafe ... können wir die einfach so allein lassen?

1. Hirte: Das ist doch völlig egal. Die Hauptsache ist: Der Messias ist da! Und wir haben davon erfahren. Vielleicht sogar als erste. Lasst uns einfach aufbrechen!

(Die Hirten machen sich auf den Weg)

Lied »Ihr Kinderlein kommet«, EG 43,2-3

6. Szene: Im Stall

(Josef und Maria sitzen im Altarraum bei der Krippe)

Josef: Ach, Maria, ich bin so froh! Du hast es geschafft! Das Kind ist da!

Maria: Ja, Josef, ich freue mich sehr, dass alles gut gegangen ist.

Josef: Schade, dass ich kein Zimmer für uns besorgen konnte.

Maria: Mach dir keine Vorwürfe, Josef. Es ist alles gut!

Josef: Der Engel hatte recht gehabt: Es ist alles gut ausgegangen. Aber wie wird es weitergehen?

Maria: Die Frage kann nur Gott beantworten. Ich weiß nur: Er will uns mit diesem Kind eine Botschaft bringen.

(Die vier Hirten kommen)

1. Hirte: Guten Abend. Verzeihen Sie die Störung. Aber wir sind auf der Suche nach einem Kind.

4. Hirte: Nach dem Retter der Welt.

3. Hirte: Engel haben uns hierher geschickt.

2. Hirte: Aber wir haben keine Geschenke dabei.

Maria: Das macht nichts. Hauptsache, ihr seid da. Ihr habt die Botschaft von der Geburt des Retters als erste gehört. Nehmt alles in euch auf und tragt es weiter.

(Die Hirten knien vor der Krippe)

(Die drei Weisen kommen)

1. Weiser: Guten Abend. Wir kommen von weit her. Aus dem Morgenland. Wir sind einem besonderen Stern gefolgt.

2. Weiser: Er soll uns die Geburt eines neuen Königs anzeigen.

3. Weiser: Wir haben Geschenke mitgebracht.

Josef: Seid willkommen! Aber ihr seht: Dieser König ist anders. Er kam in einem Stall zur Welt. Die Botschaft seiner Geburt wurde zuerst Hirten verkündet.

Maria: Dieses Kind ist von Gott.

1. Weiser *(erstaunt)*: Gott kommt in einem kleinen Kind zur Welt? In einem Stall?

2. Weiser: Er stellt sich an die Seite der Schwachen!

3. Weiser: Er ist uns allen ganz nah. Ein Wunder!

(Die drei Weisen knien vor der Krippe)

(Die vier Engel treten auf)

1. Engel: Was für ein Bild! Arme und Reiche knien gemeinsam vor der Krippe.

2. Engel: Es gibt doch noch Hoffnung auf Frieden.

4. Engel *(zur Gemeinde)*: Nehmt auch ihr dieses Bild in euch auf!

1. Engel: Die Botschaft muss weitergetragen werden.

2. Engel: Und sie wird hoffentlich so manches harte Herz erweichen.

1. Engel: Und manchem Zweifler neues Vertrauen schenken.

3. Engel: Darf ich jetzt?

4. Engel: Aber vermassel es nicht!

3. Engel: Ladies and gentlemen! Wir wünschen euch –

Alle: Frohe Weihnachten!

Lied »Ihr Kinderlein kommet«, EG 43,4

Predigt

Lied »Stille Nacht«, EG 46,1-3

Ansagen

Gebet und Vaterunser

Segen

Lied »O du fröhliche«, EG 44,1-3

Orgelnachspiel

3. Jahresanfang:

ALLES NEU

Gottesdienst mit szenischen Lesungen zur Geschichte von Zachäus

Einführung

»In dem Augenblick aber, wo alles verloren zu sein scheint, erreicht uns zuweilen die Stimme, die uns retten kann; man hat an alle Pforten geklopft, die auf gar nichts führen, vor der einzigen aber, durch die man eintreten kann, und die man vergeblich hundert Jahre lang hätte suchen können, steht man, ohne es zu wissen, und sie tut sich auf.«

(Marcel Proust)

Zum Beginn eines neuen Jahres liegt es nahe, das Thema »Neuanfang« in einem Gottesdienst in Szene zu setzen. Denn viele Menschen verbinden mit dem Anfang eines neuen Jahres die Sehnsucht nach Veränderungen.

Der Neuanfang ist ein Motiv, das in der ganzen Bibel zu finden ist. Es beginnt mit der Erschaffung der Welt aus dem Nichts und durchzieht die Geschichte Gottes mit den Menschen, die von menschlichen Irrwegen sowie von Gottes Zorn und Reue erzählt. Gott macht immer wieder neue Anfänge mit den Menschen.[1] Im Neuen Testament fängt Gott durch Jesus Christus noch einmal neu mit den Menschen an und sprengt die Grenzen des Vorstellbaren,

1 Vgl. Jörg Jeremias, Theologie des Alten Testaments, Göttingen 2015.

indem er Jesus von den Toten auferweckt und dort Leben erblühen lässt, wo keines mehr zu sehen ist.

Der Neuanfang ist ebenfalls der tiefere Sinn der kirchlichen Feiertage und Jahreszeiten. Und schließlich ist er das Ziel des Glaubens. Jesus Christus sagt: »Die von Gott bestimmte Zeit ist da. Sein Reich kommt jetzt den Menschen nahe. Ändert euer Leben und glaubt dieser Guten Nachricht.« (Markus 1,15, BasisBibel)[2]

Dieser Gottesdienst zum Jahresanfang verändert formal die traditionelle Liturgie und verknüpft inhaltlich Gedanken zum Thema »Neuanfang« mit der Geschichte von Zachäus. Im Titel klingt nicht nur ein Song von Peter Fox an, sondern auch eine Zeile aus der Bibel: »Ich mache alles neu.« (Offenbarung 21,5b, BasisBibel).

Ablauf

Orgelmusik

Zum Eingang

Begrüßung

Lied »Von guten Mächten«, EG 65,1-2

Kyrie

Gebet

Lied »Befiehl du deine Wege«, EG 361,1+4-6

Szenische Lesung von Lukas 19,1-4

Lied »Jesus ist kommen«, EG 66,1

Szenische Lesung von Lukas 19,5-7

Szenische Lesung von Lukas 19,8-10

Lied »Vertraut den neuen Wegen«, EG 395,1-3

2 Nach Richard Rohr zielt die Bibel auf »transformative Spiritualität«. In: ders., Was die Bibel uns zu sagen hat, München 2020, S.14.

Gloria

Vaterunser

Lied »Fürchte dich nicht«, EG 595,1-3

Ausblick

Sendung und Segen

Lied »Von guten Mächten«, EG 65,5-7

Orgelmusik

Personen & Material

- Sieben Personen für die szenischen Lesungen

Alles neu

Orgelmusik

Zum Eingang (ca. 1 Min.)

[*für drei Sprecher*innen = S1-S3*]

S1: Zu Beginn eines neuen Jahres ist es so, wie wenn über Nacht Schnee gefallen ist. Und dann blickst du in der Frühe aus dem Fenster und siehst eine weiße Fläche, wo gestern noch die Wiese war. Sie ist vollkommen unberührt. Noch hat niemand dort seine Spuren hinterlassen. Die ausgetretenen Wege sind verschwunden. Du hast so viele Möglichkeiten vor dir.

S2: Das ist doch nur Gerede. Niemand kann sich grundlegend verändern. Bald ist der Schnee wieder weggetaut und dann verläuft alles wieder im alten Trott.

S3: »Die von Gott bestimmte Zeit ist da«, sagt Jesus. »Sein Reich kommt jetzt den Menschen nahe. Ändert euer Leben und glaubt dieser Guten Nachricht.« (Markus 1,15, BasisBibel)

S1: Ich muss etwas ändern. Denn so kann es nicht mehr weitergehen. Meistens mache ich das, was die anderen gerade von mir wollen. Keiner fragt, was ich eigentlich will. So kann ich nicht mehr weitermachen!

Begrüßung

S1: Herzlich willkommen zum Gottesdienst!

Ein frohes neues Jahr haben wir uns vor einigen Tagen gewünscht. Wäre es nicht schön, wenn nicht alles beim Alten bliebe in diesem neuen Jahr?

Einige fassen zum Beginn eines neuen Jahres gute Vorsätze und wollen gesünder leben. Manche sehnen sich nach einer größeren Veränderung in ihrem Leben.

Wäre es nicht schön, wenn nicht alles beim Alten bliebe? Wäre es nicht schön, wenn noch mehr Menschen sich dafür einsetzten, dass diese Welt gerechter, fairer und friedlicher wird?!

S3: »Alles neu« ist der Titel dieses Gottesdienstes. Ein Satz aus der Bibel klingt darin an. Im letzten Buch der Bibel findet sich die Vision eines neuen Himmels und einer neuen Erde. In dieser Vision sitzt jemand auf einem Thron und spricht: »Ich mache alles neu.« (Offenbarung 21,5b, BasisBibel).

S2: Unsere Wünsche nach Veränderung, nach einem neuen Anfang verbinden sich mit Worten aus der Bibel und einer Geschichte, die von Vergebung und Befreiung sowie von neuen Möglichkeiten und Wegen erzählt.

Wir feiern Gottesdienst im Namen Gottes, des Vaters, der die Welt neu ins Leben ruft, im Namen des Sohnes, der ein neues, unzerbrechliches Leben ans Licht bringt, und im Namen des Heiligen Geistes, der uns erfrischt und Mut macht, Neues zu beginnen. Amen.

Lied »Von guten Mächten«, EG 65,1-2

Kyrie

S1: Gott, höre mich an!
Ich kann mich selbst nicht mehr leiden.
Die anderen sind sowieso beliebter als ich.
Gott, was kann ich nur machen, damit ich geachtet werde?

S2: Gott, ich bitte dich: Höre mir zu!
Ich bin schlecht behandelt worden.
Ausgenutzt. Betrogen.
Bitte, Gott, stell dich auf meine Seite!

S3: Gott, bitte höre mich!
Ich bin erfolgreich, aber nicht glücklich.
Ich habe vielen Menschen wehgetan.
Ich habe so viel Schuld auf mich geladen.
Ich will nicht mehr so weiter machen.
Bitte hilf mir, einen Ausweg zu finden.

Gebet

Du, mein Gott,
du hörst das,
was uns auf der Seele liegt.

Du lässt uns nicht allein
mit unserer Traurigkeit,
mit unserer Verzweiflung.
Wo wir nur eine Mauer sehen,
siehst du einen Weg für uns.
Nimm uns an die Hand
und hilf uns, neu anzufangen
mit dir.
Amen.

Lied »Befiehl du deine Wege«, EG 361,1+4-6

Szenische Lesung von Lukas 19,1-4 (BasisBibel, ca. 2 Min.)

[*Für die szenische Lesung werden folgende Rollen benötigt: Erzähler*in, 4 Sprecher*innen, Zachäus und Jesus. Der/die Erzähler*in sollte am Lesepult stehen, die Sprecher*innen als Gruppe im Altarraum, Zachäus – isoliert von den anderen – auf der Kanzel. Am Ende kommt Jesus und führt Zachäus mit den anderen zusammen.*]

Erzähler*in: Jesus kam nach Jericho und ging durch die Stadt.
Dort lebte ein Mann, der Zachäus hieß.
Er war der oberste Zolleinnehmer und sehr reich.
Er wollte unbedingt sehen, wer dieser Jesus war.
Aber er konnte es nicht, denn er war klein,
und die Volksmenge versperrte ihm die Sicht.
Deshalb lief er voraus
und kletterte auf einen Maulbeerfeigenbaum,
um Jesus sehen zu können –
denn dort musste er vorbeikommen.

Zachäus (*tritt auf und geht auf die Kanzel*): Von diesem Jesus habe ich schon so viel gehört – den muss ich unbedingt sehen.

S1: Guck ihn dir an! Der Chef-Zöllner sitzt da auf dem Maulbeerfeigenbaum. Wie ein kleines Kind! Echt süß!

S2: Süß ist der überhaupt nicht! Der knöpft mir immer so viel Geld ab, wenn ich von meinen Handelsreisen zurückkomme. Der ist ein Verbrecher!

S3: Ein kleiner Mann, aber ein großer Gauner!

S1: Und jetzt will er Jesus sehen.

S2: Der hat doch gar nichts begriffen. Es geht doch nicht darum, Jesus anzustaunen – so wie einen Promi.

S1: Warum nicht? Mit Staunen kann der Glauben anfangen.

S4: Genau! Nicht umsonst fordert Jesus uns dazu auf, genau hinzusehen.

S1: Ja. Wenn jemand genau hinsieht, kann viel passieren.

S3: Aber bei Zachäus doch nicht. Der ist ein *Ver-bre-cher*!

Erzähler*in: Im Johannesevangelium sagt Maria aus Magdala zu den Jüngern, nachdem sie den auferstandenen Christus erkannt hatte: »Ich habe den Herrn gesehen!« Und dann erzählt sie, »was er zu ihr gesagt hatte.« (Johannes 20,18, BasisBibel)

Lied »Jesus ist kommen«, EG 66,1

Szenische Lesung von Lukas 19,5-7 (BasisBibel, ca. 2 Min.)

Erzähler*in: Als Jesus an die Stelle kam, blickte er hoch und sagte zu ihm: »Zachäus, steig schnell herab. Ich muss heute in deinem Haus zu Gast sein.« Sofort stieg Zachäus vom Baum herab. Voller Freude nahm er Jesus bei sich auf. Als die Leute das sahen, ärgerten sie sich und sagten zueinander: »Bei einem Sünder ist er eingekehrt!«

S2: Das kann doch wohl nicht wahr sein!

S3: Ich glaub das jetzt nicht!

S2: Wir führen ein ehrliches und rechtschaffenes Leben, und das ist jetzt der Dank dafür!

S1: Erst wart *ihr* aber nicht nett, als ihr Zachäus absichtlich die Sicht versperrt habt!

S2: Ach, hör doch auf mit Zachäus!

S3: Wir haben alles so schön für Jesus vorbereitet. Die Blumengirlanden an den Häusern ...

S2: Ich habe extra noch die Straße gefegt.

S3: Von diesem Jesus habe ich mehr erwartet!

S2: Geht der einfach so an uns vorbei.

S3: Was haben wir denn falsch gemacht?

S4: Gar nichts! Hört auf, darüber nachzudenken, warum Jesus nicht zu euch ins Haus kommt. Freut euch lieber, dass ihr ihn gesehen habt.

Erzähler*in: So wie Maria aus Magdala, die voller Freude sagt: »Ich habe den Herrn gesehen!« (Johannes 20,18, BasisBibel)

Szenische Lesung von Lukas 19,8-10 (BasisBibel, ca. 2 Min.)

Erzähler*in: Aber Zachäus stand auf und sagte zum Herrn:
»Herr, die Hälfte von meinem Besitz
werde ich den Armen geben.
Und wem ich zu viel abgenommen habe,
dem werde ich es vielfach zurückzahlen.«
Da sagte Jesus zu ihm:
»Heute bist du gerettet worden –
zusammen mit allen, die in deinem Haus leben.
Denn auch du bist ein Nachkomme Abrahams!
Der Menschensohn ist gekommen,
um die Verlorenen zu suchen und zu retten.«

Zachäus: Endlich hat mich einmal jemand gesehen! Früher haben mich alle übersehen, weil ich so klein bin. Dann habe ich versucht, so erfolgreich zu sein, dass alle mich sehen müssen. Aber die Leute haben weggeschaut, weil ich sie betrogen hatte. Wie dumm und gemein war ich doch! – Danke, Jesus! Du gibst mir eine neue Chance!

S1: Das klingt gut. Ich möchte – genau wie Zachäus – einfach aufhören mit dem, was ich schon immer denke, mit dem, was ich schon immer tue. Ich möchte nicht immer daran denken, was ich alles tun muss, um anerkannt zu werden.

S2: Gute Vorsätze ... Meistens halten sie nicht lang.

S3: Eben. Und Zachäus: Was der jetzt alles verspricht! Mal sehen, ob er das wirklich einhält?

S1: Jesus vertraut ihm.

S4: Und er vertraut auch dir, dass du neu anfangen kannst.

S1: Brich aus den Denkmustern aus, die dich unglücklich machen!

S4: Achte nicht nur auf das, was andere von dir denken, sondern achte auf dich selbst.

S1: Schau nicht immer auf das, was andere machen, sondern schau auf die Möglichkeiten, die Gott dir schenkt.

Erzähler*in: »Ändert euer Leben und glaubt dieser Guten Nachricht.« (Markus 1,15b, BasisBibel)

Jesus (*tritt auf und geht zu Zachäus*): »Ich mache alles neu.« (Offenbarung 21,5b, BasisBibel)

*(Jesus umarmt Zachäus und führt ihn zu der Gruppe der Sprecher*innen und holt auch den/die Erzähler*in dazu. Alle bilden einen Kreis und fassen sich um die Schultern.)*

Lied »Vertraut den neuen Wegen«, EG 395,1-3

Gloria

S1: Im 31. Psalm heißt es: »Du hast mir weiten Raum gegeben, wo ich mich frei bewegen kann.« (Psalm 31,9b, BasisBibel)

S2: Danke, Gott, dass du mir einen neuen Weg zeigst.

S3: Danke für die Weite, für die Möglichkeiten.

S1: Danke, dass du mir meine Schuld vergibst.

S2: Danke für die Freiheit, für die Zuversicht.

S3: Danke, dass du mir eine neue Chance gibst.

Vaterunser

Lied »Fürchte dich nicht«, EG 595,1-3

Ausblick

Zachäus: Bis vor kurzem fühlte sich mein Leben wie ein Gefängnis an. Es war wie ein Zwang: Ich habe andere betrogen, weil ich unbedingt gesehen werden wollte, weil ich unbedingt wahrgenommen werden wollte. Ich fühlte mich schuldig und unglücklich, und doch konnte ich nicht damit aufhören. – Jetzt habe ich Jesus gesehen. Und Jesus hat mich angesehen. Durch ihn habe ich erkannt, dass ich meine Sichtweise ändern kann. Und auf einmal habe ich neue Möglichkeiten. Fange ich hier noch einmal von vorne an, oder gehe ich mit Jesus mit?

S1: Jesus fängt neu mit Zachäus an. Und Zachäus? Er beginnt ein neues Leben. Viele Leute aber sind verärgert. Sie kommen aus ihrem alten Denken nicht heraus. Und was ist mit dir?

Sendung und Segen

Lied »Von guten Mächten«, EG 65,5-7

Orgelmusik

Idee zum Weiterdenken

Das Thema »Neuanfang« bietet sich auch zu anderen Zeiten im Jahr an: zum Beispiel im Frühling, wenn Natur und Lebenslust neu erwachen, oder nach den Sommerferien, wenn mit dem Schuljahr ein neuer Abschnitt beginnt.

Darüber hinaus kann der »Neuanfang« zum Jahresthema in einer Kirchengemeinde gemacht werden, das an den Feiertagen und zu verschiedenen Anlässen im Kalenderjahr aufgegriffen wird.

4. Passionszeit:

VOLLER SEHNSUCHT SUCHEN

Andacht mit Songzitaten, Bibelworten
und persönlichen Gedanken zum Song
»Somebody to Love« von Queen

Einführung

»Ich beschwöre euch, ihr Töchter Jerusalems,
wenn ihr meinen Freund findet,
was sollt ihr ihm sagen? Dass ich krank bin vor Liebe.«
(Hoheslied 5,8)

Andachten in der Passionszeit lenken den Blick auf den Leidensweg, den Jesus Christus gegangen ist, und zugleich auf das Leiden von Menschen in unserer Zeit. Dabei sollten nicht nur kirchliche Standardthemen aufgegriffen werden, sondern ebenfalls schmerzhafte Erfahrungen, die von kirchlicher und theologischer Seite oft übersehen werden – wie der Liebeskummer.

Alle Menschen wissen, wie es ist, wenn Gefühle nicht erwidert werden. Alle wissen, wie es sich anfühlt, wenn das eigene Herz zerbricht. Eine Kirche, die nah bei den Menschen sein will, darf an diesen Erfahrungen, die Menschenleben prägen können, nicht vorbeigehen.

Die Bibel erzählt sehr umfassend von menschlichen Leidenserfahrungen. Auch der Liebeskummer kommt vor, zum Beispiel im Hohelied Salomos.

Gott selbst weiß, wie es ist, abgelehnt und zurückgewiesen werden. Vor allem die Prophetenbücher berichten davon, wie enttäuscht Gott darüber ist, dass der Mensch seinen Bund verlässt und seine Gebote nicht beachtet. Sie berichten darüber, dass er sogar zornig wird, dies aber wieder bereut, so dass letztlich in ihm die Güte siegt, die dem Menschen neue Lebensmöglichkeiten eröffnet.[1]

In der Popmusik werden die Erfahrungen von erfüllter, aber auch von nicht erwiderter, nicht ausgesprochener und von zerbrochener Liebe zum Ausdruck gebracht. Der Song, den ich für diese Andacht ausgewählt habe, ist kein aktueller Song, sondern ein zeitloser Klassiker: »Somebody to Love« von Queen – eine großartige Pop-Hymne. Melancholisch und mitreißend zugleich bringt er die Sehnsucht und die Klage eines einsamen Herzens zum Ausdruck. Am Ende aber scheint Hoffnung auf.[2]

Dieser Song eignet sich sehr gut als Thema für eine Andacht. Denn der Song erinnert musikalisch stellenweise an einen Gospel. Und der Text wirkt zuweilen wie ein moderner Psalm: Er bringt Klage und Zweifel vor Gott.

In diesem Sinne entwirft die vorliegende Passionsandacht ein Gespräch über »Somebody to Love«, das Bibel-Zitate aufgreift – vor allem Worte aus den Psalmen. Denn mit den Psalmen hat Gott uns Worte gegeben, mit denen wir unseren Schmerz und unsere Ohnmacht, sogar das Gefühl äußerster Verlassenheit (vgl. Psalm 22), zum Ausdruck bringen können.

»Somebody to Love« passt gut in die Passionszeit, auch wenn der Song nicht so traurig ist wie viele Songs, die von der Sehnsucht nach Liebe erzählen. Denn die Passionsgeschichte erzählt zwar von Verrat, Folter und Einsamkeit, aber auch davon, dass wir im Leiden nicht allein sind. Gott

1 Vgl. zu dem Motiv des Zornes und der Reue Gottes: Jörg Jeremias, Theologie des Alten Testaments, Göttingen 2015, S. 285-300.

2 Vgl. zu dem Song: Stefan Wolf, Spread Your Wings. Der Priester und die Königin, in: Doppelalbum – Popmusik und Biographie, S. 113-116.

ist uns auch im Leiden nah. Er hat es in Jesus Christus selbst erlebt. Und schließlich endet die Geschichte von Jesus nicht in der Verzweiflung: Hinter dem Kreuz leuchtet eine Liebe auf, die niemals zerbrechen wird.

Ablauf

Orgelmusik

Begrüßung

Lied »Bleib bei mir, Herr«, EG 488,1-3

Gebet

Song »Somebody to Love«

»Ich schaue in den Spiegel und schreie« (Andacht Teil I)

Musikalisches Zwischenspiel

»Ich sinke auf meine Knie und fange an zu beten« (Andacht Teil II)

Musikalisches Zwischenspiel

»Ich muss einfach heraus aus dieser Gefängniszelle« (Andacht Teil III)

Lied »Korn, das in die Erde«, EG 98,1-3

Gebet und Vaterunser

Sendung und Segen

Personen & Material

- Zwei Liturg*innen und drei Sprecher*innen
- Gerät zum Abspielen von Musik (z.B. Verstärker-Anlage mit Musik-Datei, Handy mit Bluetooth-Lautsprecher, CD-Player oder Ähnliches)
- Lied »Somebody to love« von Queen
- Laminierte Kärtchen mit Bibelspruch (Psalm 147,3)

Voller Sehnsucht suchen – Andacht

Orgelmusik

Begrüßung

Lied »Bleib bei mir, Herr«, EG 488,1-3

Gebet

[*L=Liturg*in, G=Gemeinde*

Vor dem Gebet sollte darauf hingewiesen werden, dass die Gemeinde nach einem Abschnitt jeweils ein Psalmwort spricht. Dieses Psalmwort kann zum Beispiel auf einem laminierten Kärtchen stehen, das am Eingang verteilt wird.]

L1: Komm zu mir, Gott!
Ich bin einsam und ertrage es nicht mehr.
Ich sehne mich so sehr nach Liebe.
Nach einem Menschen, der mich versteht.
Der mich in den Arm nimmt und festhält.
Komm zu mir, Gott!

G: Der HERR heilt, die zerbrochenen Herzens sind, und verbindet ihre Wunden. (Psalm 147,3)

L2: Wo bist du, Gott?
Ich bin einsam und ertrage es nicht mehr.
Ich habe keine Lust mehr aufzustehen.
Da ist keine Energie mehr in mir.
Ich fühle mich unendlich schwach.
Wo bist du, Gott?

G: Der HERR heilt, die zerbrochenen Herzens sind, und verbindet ihre Wunden.

L2: Wo bist du, Gott?
Ich bin einsam und ertrage es nicht mehr.
Ich bin betrogen worden.
Gedemütigt und belogen.
Mein Vertrauen ist zerstört.
Wo bist du, Gott?

G: Der HERR heilt, die zerbrochenen Herzens sind, und verbindet ihre Wunden.

L1: Komm zu mir, Gott!
Ich bin einsam und ertrage es nicht mehr.
Ich sehne mich so sehr nach Liebe.
Nach einem Menschen, der für mich da ist
und für den ich da sein darf.
Komm zu mir, Gott!

G: Der HERR heilt, die zerbrochenen Herzens sind, und verbindet ihre Wunden.

L1, L2 und G: Amen.

Song »Somebody To Love« wird eingespielt.

»Ich schaue in den Spiegel und schreie« (ca. 3 Min)

*[3 Sprecher*innen; Sprecher*in 1 und 2 stehen zusammen. Sprecher*in 3 steht zunächst an einer anderen Stelle im Kirchenraum.]*

S1: Ich liebe diesen Song. Er entfaltet von Anfang an eine unglaublich starke Dynamik.

S2: Das geht mir genauso. Der Song ist voller Energie.

S3: Das kann ich nachvollziehen. Aber ich frage mich: Was hat »Somebody to Love« mit der Passionszeit zu tun?

S1: Sehr viel. In der Passionszeit denken wir an Leidenswege. Der Song erzählt von jemandem, der unter seiner Einsamkeit leidet und sich nach Liebe sehnt.

S2: Der Text wirkt teilweise wie ein Gospel. Für mich ist er ein moderner Psalm: Da bringt einer seine Gefühle vor Gott.

S1: Das wird schon in der ersten Strophe deutlich: »Jeden Morgen stehe ich auf und sterbe ein bisschen. Ich kann kaum auf meinen Füßen stehen. Schaue in den Spiegel und schreie. Herr, was tust du mir an. Ich habe mein Leben lang an dich geglaubt, aber ich bekomme keine Erleichterung.«

S2: Ich finde es erstaunlich, wie stark der Text an die Psalmen in der Bibel erinnert. Der Abschnitt, den du gerade vorgelesen hast, erinnert mich zum Beispiel an den 142. Psalm. Dort heißt es: »Ich schreie zum Herrn mit meiner Stimme, ich flehe zum Herrn mit meiner Stimme. Ich schütte meine Klage vor ihm aus und zeige an vor ihm meine Not. [...] Schau zur Rechten und sieh: Da will mich niemand kennen. Ich kann nicht entfliehen, niemand nimmt sich meiner an. Herr, zu dir schreie ich und sage: Du bist meine Zuversicht, mein Teil im Lande der Lebendigen.« (Psalm 142,2+3.5+6)

S1: Ich denke an den 6. Psalm: »Ich bin so müde vom Seufzen; ich schwemme mein Bett die ganze Nacht und netze mit meinen Tränen mein Lager.« (Psalm 6,7)

S3: Das leuchtet mir ein. Aber: Die Psalmen bleiben nicht beim Klagen und Bitten stehen. In ihnen ist das Klagen und Bitten verbunden mit der Zuversicht darauf, dass Gott hilft. Das fehlt mir in diesem Song.

S1: Von Zuversicht ist tatsächlich erst einmal nicht die Rede. Das ist richtig. An einer Stelle heißt es sogar im Songtext: »Ich habe niemanden mehr, an den ich glauben kann.«

S2: Aber selbst diese Zeile erinnert an einen Psalm, nämlich an den 22. Psalm. Dort steht ja: »Mein Gott, mein Gott, warum hast du mich verlassen? Ich schreie, aber meine Hilfe ist ferne. Mein Gott, des Tages rufe ich, doch antwortest du nicht, und des Nachts, doch finde ich keine Ruhe.« (Psalm 22,2+3)

Musikalisches Zwischenspiel

»Ich sinke auf meine Knie und fange an zu beten«

(ca. 2 Min.)

S3: Okay. »Somebody to Love« ist so etwas wie ein moderner Psalm. Aber ich weiß nicht, ob Gott Zeit für solche Dinge wie Liebeskummer hat. Es gibt doch viel wichtigere Probleme auf der Welt.

S1: In »Somebody to Love« heißt es an einer Stelle: »Ich sinke auf meine Knie und fange an zu beten, bis die Tränen mein Gesicht herunterlaufen.« Ich bin davon überzeugt, dass Gott sich das anhört, was wir ihm sagen. Er hört sich auch unseren Liebeskummer an.

S3: Ist Liebeskummer eigentlich ein Thema in der Bibel?

S2: Ja! Zum Beispiel im Hohelied Salomos, einer Sammlung wunderschöner Liebesgedichte. Dort steht im 3. Kapitel: »Des Nachts auf meinem Lager suchte ich, den meine Seele liebt. Ich suchte, aber ich fand ihn nicht. Ich will aufstehen und in der Stadt umhergehen auf den Gassen und Straßen und suchen, den meine Seele liebt. Ich suchte, aber ich fand ihn nicht.« (Hoheslied 3,1-2)

S1: Die Passionsgesichte zeigt: Gott weiß, wie es uns geht, wenn wir einsam sind. In Jesus Christus hat er selbst die Einsamkeit erfahren. Jesus nimmt zwei seiner Gefährten mit in den Garten Gethsemane. Aber als ihn dort die Todesangst befällt, schlafen sie ein.

S2: Kurz danach wird er von einem anderen Jünger verraten. Durch einen Kuss.

S3 *(geht zu S1 und S2):* Ihr habt mich überzeugt: Alles, was uns bewegt, das bewegt Gott auch.

Musikalisches Zwischenspiel

»Ich muss einfach heraus aus dieser Gefängniszelle«

(ca. 5 Min.)

S1 *(zu S3):* Du hast vorhin davon gesprochen, dass es in vielen Psalmen eine Wende gibt: Sie führen von der Klage hin zu neuer Zuversicht, zu neuem Vertrauen. Das ist in »Somebody to Love« auch so. In der dritten Strophe heißt es zunächst: »Ich habe kein Gefühl, keinen Rhythmus. Ich gerate aus dem Takt.« Dann heißt es: »Ich bin okay, ich bin in Ordnung.« Das habe ich zuerst so verstanden, als wenn einer da nur versucht, die anderen zu beschwichtigen – so in dem Sinne: Ich bin okay, aber eigentlich ist überhaupt nichts okay. Aber dann wird deutlich: Hier fordert sich jemand auf, nicht aufzugeben.

S2: Das sehe ich auch so. Denn danach folgen die Zeilen: »Ich werde keine Niederlage erleiden. Ich muss einfach heraus aus dieser Gefängniszelle. Eines Tages werde ich frei sein, Herr.«

S3: Wenn es scheinbar keinen Ausweg mehr gibt, öffnet sich eine Tür. Wo eben noch Verzweiflung war, leuchtet neue Hoffnung auf. Das lässt sich tatsächlich auch in den Psalmen beobachten.

S1: Und ebenfalls in der Leidensgeschichte von Jesus.

S3 *(zu S2)*: Die Sätze aus dem Song, die du eben zitiert hast, erinnern mich an den 142. Psalm, aus dem du schon vorgelesen hast. Denn dort steht: »Führe mich aus dem Kerker, dass ich preise deinen Namen.« (Psalm 142,8a)

S2: Ich finde es interessant, dass die Einsamkeit in »Somebody to Love« als Gefängnis verstanden wird. So gesehen bin ich erst dann frei, wenn ich jemanden gefunden habe, der mich liebt.

S1: Ich möchte nochmals auf den Moment der Wende zurückkommen. In der Realität ist es leider nicht so, dass es dann besser wird, wenn es mir besonders schlecht geht.

S3: Doch, ich finde, manchmal ist das durchaus so. Wenn ich überhaupt nicht mehr weiterweiß und völlig verzweifelt bin und das auch herauslasse, dann löst sich etwas in mir, dann spüre ich neues Vertrauen.

S1: Stimmt. Das kenne ich auch.

S2: In dem Song ist es ja nicht so, dass alles gut wird. Aber es ist auf einmal Hoffnung da.

S1: Wenn es mir schlecht geht, dann tröstet es mich, dass Jesus weiß, wie es mir geht. Das macht mir Mut.

S3: Und mir macht es Mut, dass Gott uns durch seine Propheten versprochen hat, unser Schicksal zum Guten zu wenden. Im Buch Jesaja ist das wundervoll in Worte gefasst: »Der Geist Gottes des Herrn ist auf mir, weil der Herr mich gesalbt hat. Er hat mich gesandt, den Elenden gute Botschaft zu bringen, die zerbrochenen Herzen zu verbinden, zu verkündigen den Gefangenen die Freiheit, den Gebundenen, dass sie frei und ledig sein sollen.« (Jesaja 61,1)

S1: Auch »Somebody to Love« macht Mut, nicht aufzugeben. Der Song macht allen Mut, die sich nach Liebe sehnen.

S2: Am Ende steht aber die Bitte, mit der der Song begonnen hat: »Finde für mich jemanden, der mich liebt«. Am Ende steht das Gebet.

S1: Am Ende steht die Sehnsucht.

S3: Sehnsucht ist etwas, das weh tun kann. Aber ohne Sehnsucht würde das Leben stillstehen. Nichts würde sich mehr verändern. Von der Dichterin Nelly Sachs stammt der Satz: »Alles beginnt mit der Sehnsucht, immer ist im Herzen Raum für mehr, für Schöneres, für Größeres.«

S1: Wir wären nicht hier, wenn Gott nicht Sehnsucht nach dem Menschen gehabt hätte.

S2: Wie schön wäre es, wenn alle Menschen Sehnsucht nach Gott hätten! Wenn wir, auch wenn wir nicht glauben können oder Gottes Nähe spüren können, zumindest nicht aufhören, Gott zu suchen und uns nach seiner Nähe zu sehnen.

S3: Für mich gehört die Sehnsucht nach Liebe und nach Gott zusammen. Denn Gott ist ja die Quelle der Liebe.

S2: Gott hat Sehnsucht nach uns. Und wir antworten auf seine Sehnsucht damit, dass wir uns nach seiner Nähe sehnen.

S1: Nach einer Welt, in der die Menschen versuchen, sich zu verstehen.

S3: In der die gebrochenen Herzen verbunden werden.

S1: In der wir einander Mut machen aufzustehen.

S1, S2, S3 *(gemeinsam)*: Amen.

5. Ostern:

IN SEINER NÄHE

Osternachtgottesdienst

Einführung

> *»›Zweifellos werden wir auferstehen, zweifellos werden wir uns wiedersehen, und heiter, freudig, werden wir einander alles erzählen, was gewesen ist‹, antwortete halb lachend, halb begeistert Aljoscha.«*
>
> *(Fjodor M. Dostojewski)*

Der Gottesdienst in der Osternacht ist für mich einer der schönsten und eindrucksvollsten Gottesdienste im gesamten Kirchenjahr. Das Besondere daran ist, dass die Menschen das, was verkündigt wird, erleben: Das Dunkel weicht dem Licht, ein neuer Morgen beginnt, und mit ihm ein neues Leben. Es ist ein beeindruckendes Erlebnis, wenn es während des Gottesdienstes im Kirchenraum heller wird und auch der Morgengesang der Vögel in der Kirche zu hören ist.

Zum traditionellen Gottesdienst in der Osternacht gehört eine Abfolge von biblischen Texten, die vorgelesen werden: von der Schöpfungsgeschichte über die Erzählung von der Sintflut bis hin zu prophetischen Texten.[1]

In meinem ersten Osternachtgottesdienst habe ich mich an dieser Abfolge orientiert. Im zweiten Jahr habe ich andere Bibellesungen ausgewählt. Dann habe ich me-

1 Vgl. zum Beispiel Sinfonia Oecumenica, a.a.O., S. 754-771.

ditative Texte oder Rollenspiele geschrieben, teilweise auch in Kombination mit biblischen Lesungen.

Ich hatte den Eindruck, dass die biblischen Texte, wenn sie unkommentiert bleiben, nicht mehr von allen verstanden werden. Die Tragweite der Osterbotschaft wird erst deutlich, wenn ich die biblischen Geschichten auf mein Leben beziehe. Erst wenn ich über das Dunkle und Verfehlte in meinem Leben ins Nachdenken gerate, kann ich das Licht erkennen, das Jesus Christus für alle Menschen bringt. Der Gottesdienst bietet sehr viele Möglichkeiten, die biblische Botschaft und die eigene Erfahrung miteinander zu verknüpfen.

Der Ablauf ist immer derselbe. Der erste Teil beginnt im Dunkeln. Die Mitwirkenden beleuchten ihre Texte mit Vigilkerzen oder Notenpultlampen. In diesem ersten Teil gibt es drei Abschnitte, auf die jeweils ein Taizé-Gesang folgt. Nach einem Gebet wird die Osterkerze in die Kirche getragen. Die Person, die die Osterkerze trägt, hält auf dem Weg zum Altar dreimal an. Dann erklingt jeweils der gesungene Ruf einer Liturgin oder eines Liturgen: »Christus, Licht der Welt!« Die Gemeinde antwortet darauf mit dem ebenfalls gesungenen Ruf: »Gott sei ewig Dank!« Wenn die Osterkerze auf den Altar gestellt ist, werden mit Vigilkerzen, die die Flamme von der Osterkerze aufnehmen, die Altarkerzen und die Osterlichter der Gemeinde entzündet. Dabei wird der Kanon »Mache dich auf und werde Licht« gesungen. Daraufhin wird das Evangelium gelesen, die Geschichte der Auferstehung von Jesus Christus. Anschließend erklingt zum ersten Mal die Orgel und begleitet das Lied »Christ ist erstanden«. Ein weiterer Höhepunkt im Gottesdienst ist die Tauferinnerung, bei der den Besucherinnen und Besuchern am Taufbecken ein Wasserkreuz auf die Stirn gezeichnet und ein Bibelwort zugesprochen wird, das sie als laminiertes Kärtchen mitnehmen können.

Im vorliegenden Entwurf erzählen drei Personen aus der Passionsgeschichte ihre Geschichte mit Jesus: die Frau, die Jesus gesalbt hat; Petrus, einer seiner Vertrauten, der ihn verleugnet hat; der römische Hauptmann unter dem Kreuz. Sie erzählen von ihrer Liebe, ihrem Scheitern und ihrer Hoffnung. Sie führen uns auf dem Weg zu Jesus Christus, in dessen Nähe unser Leben neu wird.

Ablauf

Begrüßung

Lied »Bleibet hier und wachet mit mir«, EG 789.2 – 3x

Im Dunkeln 1: Die Frau, die Jesus gesalbt hat

Lied »Bleibet hier und wachet mit mir«, EG 789.2 – 3x

Im Dunkeln 2: Petrus

Lied »Bleibet hier und wachet mit mir«, EG 789.2 – 3x

Im Dunkeln 3: Der römische Hauptmann

Lied »Laudate omnes gentes«, EG 789.1 – 3x

Gebet

Die Osterkerze wird in die Kirche hineingetragen

Liturg*in: »Christus, Licht der Welt«, Gemeinde: »Gott sei ewig Dank« 3x

Kerzen im Altarraum werden entzündet, Licht wird verteilt.

Dabei Kanon »Mache dich auf und werde Licht«

Osterevangelium: Johannes 20,11-18

Lied »Christ ist erstanden«, EG 99 – mit Orgelbegleitung

Predigt

Lied »Er ist erstanden, Halleluja«, EG 116,1-4

Einleitung zur Tauferinnerung

Lied »Ich glaube an Gott«, EG 652

Tauferinnerung – dabei: Orgelmusik

Fürbittengebet und Vaterunser

Lied »Wir wollen alle fröhlich sein«, EG 100,1-3

Abkündigungen und Segen

Liedstrophe EG 100,4

Orgelnachspiel

Personen & Material

- Liturg*in, drei Sprecher*innen, Prediger*in
- Laminierte Kärtchen mit Bibelsprüchen zur Tauferinnerung

In seiner Nähe

Begrüßung

Christus spricht: »Ich war tot, und siehe, ich bin lebendig von Ewigkeit zu Ewigkeit und habe die Schlüssel des Todes und der Hölle.« (Offenbarung 1,18)

Mit dem Bibelwort des heutigen Tages aus dem Buch der Offenbarung begrüße ich Sie herzlich zum Gottesdienst in der Osternacht. So früh wie heute sind wir sonst nie in der Kirche. Manches ist anders an diesem besonderen Tag. Die Glocken haben nicht geläutet. Auch die Orgel schweigt. Wir warten gemeinsam darauf, dass ein neuer Morgen anbricht. Wir warten darauf, dass das Osterlicht zu uns kommt.

Es ist ein Zeichen für Jesus Christus. Ihn hat Gott auferweckt am ersten Ostermorgen. Und damit ist die Macht der Finsternis gebrochen. Gottes Licht leuchtet für immer.

Aber noch ist es dunkel – in unserer Welt, in unseren Herzen. Im Dunkeln hören wir Worte von Menschen, die Jesus begegnet sind. Diese Worte nehmen uns mit auf den Weg. Zu ihm. Zum Licht.

Lied »Bleibet hier und wachet mit mir«, EG 789.2 – 3x

Im Dunkeln 1: Die Frau, die Jesus gesalbt hat (ca. 3 Min.)

[*S=Sprecher*in*]

S1: Ich komme einfach nicht zur Ruhe in dieser Nacht.

Jesus ist tot! Hingerichtet am Kreuz wie ein Verbrecher!

Ausgerechnet er, der so viel Gutes getan hat, der so viele geheilt hat, in dessen Gegenwart sich der Himmel zu öffnen schien ...

Ich habe es mit angesehen. Ich habe gesehen, wie sie ihn ans Kreuz genagelt haben. Ich habe gesehen, wie er da hing, wie er gelitten hat, stundenlang. Am Ende hat er auf einmal laut aufgeschrien – das hat mir fast das Herz zerrissen.

Bis zum Schluss habe ich auf ein Wunder gehofft. Für mich war Jesus etwas Besonderes. Ich hatte geglaubt, dass er der Messias ist: Der, den Gott schickt, um unsere Welt zu erlösen. Deshalb habe ich ihn auch gesalbt.

Nicht nur Könige werden gesalbt, auch der Messias soll gesalbt werden, heißt es in der heiligen Schrift.

Was war ich damals aufgeregt, als er zu uns nach Bethanien kam! Im Haus von Simon, dem Aussätzigen, aß und trank er mit seinen Freunden. Ich nahm eine kleine Flasche mit kostbarem Nardenöl und betrat Simons Haus, ging auf Jesus zu und zerbrach die Flasche über seinem Kopf. Dann salbte ich ihn mit dem Öl. Ganz nah war ich ihm. Ich war völlig versunken dabei – und ich spürte, dass Jesus es genoss, was ich da tat. Ich wollte ihm etwas Gutes tun. Ich wollte ihm die Ehre erweisen, die ihm gebührt. Ich hörte, wie seine Jünger schimpften, dass ich das teure Öl verschwendet hätte. Aber Jesus wies sie zurecht: »Sie hat ein gutes Werk an mir getan«, sagte er – und dann fügte er hinzu: »Sie hat meinen Körper im Voraus gesalbt für mein Begräbnis.« Ich erschrak. Das wollte ich nicht! Ich wollte nicht, dass er stirbt. Aber dann sagte er noch etwas. Er sagte: »Wo das Evangelium gepredigt wird in der ganzen Welt, da wird man auch das sagen zu ihrem Gedächtnis, was sie getan hat.« Von mir hat er gesprochen, von einer einfachen Frau. An mich sollen sich die Leute erinnern, weil ich Jesus etwas Gutes getan habe. Als Jesus das sagte, wurde ich rot im Gesicht. Ich war verlegen, aber auch stolz. Ach, ich wünschte, er wäre jetzt wieder hier!

Lied »Bleibet hier und wachet mit mir«, EG 789.2 – 3x

Im Dunkeln 2: Petrus (ca. 3 Min.)

S2: Ich kann nicht schlafen. Und ich kann mir gar nicht vorstellen, dass ich überhaupt noch einmal schlafen kann. Am liebsten würde ich die Zeit zurückdrehen!

Wenn ihr nur wüsstet, was ich getan habe. Ich traue mich kaum, es zu sagen. Ich habe meinen besten Freund verleugnet! Und dabei habe ich ihm erst vor Kurzem absolute Treue geschworen. »Egal, was passiert, Jesus«, habe ich gesagt, »ich halte zu dir«.

Da hat er mich schon so merkwürdig angeschaut. Einen Tag vor seinem Tod hat er mir auf den Kopf zugesagt, dass ich ihn verleugnen würde. Ich habe protestiert. »Ich doch nicht«, habe ich gesagt. »Doch, Petrus«, entgegnete er. »Ehe der Hahn zweimal kräht, wirst du mich dreimal verleugnet haben.« So war es dann leider auch. Jesus wurde gefangen genommen und vor dem Hohen Rat verhört. Bei seiner Verhaftung war ich erstmal weggerannt – so wie die anderen auch. Aber dann bin ich ihm doch gefolgt. Ich wollte in seiner Nähe sein. Und so wartete ich im Hof des Hauses, wo das Verhör stattfand. Auf einmal sprach mich eine Frau an. Ob ich nicht auch zu den Leuten von Jesus gehören würde, fragte sie. Da ist es passiert. Ich habe mich nicht getraut, das zuzugeben. Ich hatte Angst, dass ich dann auch verhaftet würde. Ich bin ein Feigling! Und jetzt ist Jesus tot. Ich kann ihn nicht einmal um Vergebung bitten.

Ich werde nie vergessen, wie ich ihn kennengelernt habe. Wie ich nach einer harten Nacht mein Boot festmachte. Ich war völlig fertig. Keinen einzigen Fisch hatte ich gefangen. Auf einmal stand er vor mir. »Fahr noch einmal los«, sagte er. Mir blieb fast die Luft weg. Zuerst wollte ich ihn anschreien. Was nimmt sich dieser Fremde eigentlich heraus? dachte ich mir. Aber dann bin ich doch noch einmal auf den See gefahren. Und was glaubt ihr? Ich fing so viele Fische wie noch niemals zuvor. Als ich wieder an Land war, da spürte ich, dass hier eine höhere Macht am Wirken ist. Ich bekam es mit der Angst zu tun und fiel vor ihm auf die Knie. »Herr, geh weg von mir!« rief ich. »Ich bin ein sündiger Mensch.« Aber er lächelte nur und sagte: »Fürchte dich nicht! Von nun an wirst du Menschen fangen!«

Von diesem Tag an war ich mit ihm unterwegs. Und ich kann euch sagen: Das war die beste Zeit in meinem Leben! In seiner Nähe sind so viele Menschen wieder gesund geworden, haben so viele wieder neuen Mut gefasst. Manchmal kam es mir so vor, als wäre das Reich Gottes schon da.

Und jetzt? Jetzt ist alles vorbei. Ach, könnte ich ihn doch nur ganz kurz wiedersehen und ihn um Verzeihung bitten!

Lied »Bleibet hier und wachet mit mir«, EG 789.2 – 3x

Im Dunkeln 3: Der römische Hauptmann (ca. 3 Min.)

S3: Es ist Nacht, aber ich bin hellwach! Merkwürdig. Aber mit einem Mal ist sowieso alles ganz anders!

Verzeihen Sie, ich habe mich noch gar nicht vorgestellt. Mein Name ist Marcus, ich bin Hauptmann der römischen Armee. Das heißt, ich war Hauptmann. Oder bin ich es noch? Ich bin verwirrt. Ich weiß im Moment gar nicht, wie es weitergehen wird. Was ist hier eigentlich passiert? Ich weiß gar nichts mehr.

Und das hängt mit diesem Jesus zusammen. Vor drei Tagen hatten die obersten Priester ihn zu uns gebracht. Sie waren sehr aufgebracht und meinten, er müsse auf jeden Fall zum Tode verurteilt werden. Denn er hätte behauptet, dass er der König der Juden wäre. Und außerdem hätte er von sich gesagt, dass er Gottes Sohn sei. Wir Soldaten grinsten. Wieder so ein Verrückter! Davon gibt es einige in diesem Land. Unser Statthalter, Pontius Pilatus, verhörte den Mann, aber er wusste auch danach nicht, ob der Mann wirklich so gefährlich war, wie es behauptet wurde.

Deshalb ließ er das Volk entscheiden. Wir Soldaten hatten große Mühe, die Leute einigermaßen in Schach zu halten – so aufgebracht waren die! Und sie haben tatsächlich gefordert, dass dieser Jesus von Nazareth gekreuzigt werden soll. So sehr waren sie von den Priestern aufgewiegelt worden. Barrabas, ein Mörder, sollte dagegen freigelassen werden.

Was dann passierte, dafür schäme ich mich jetzt. Wir haben diesen Mann aus Nazareth gequält, und wir haben uns über ihn lustig gemacht. Wir haben ihn geschlagen, haben ihm einen roten Mantel angezogen und eine Dornenkrone aufgesetzt, und dann sind wir vor ihm auf die Knie gefallen. Keine Ruhmestat, ich weiß. Aber bei uns herrschen einfach raue Sitten.

Dann begleiteten wir den Mann nach Golgatha. Wie oft bin ich diesen Weg gegangen. Wie oft habe ich da an einem Kreuz gestanden und aufgepasst, dass alles ruhig bleibt. Wie so oft habe ich da stundenlang gewartet, bis der Tod eingetreten ist.

Dieses Mal war es anders. Dieser Mann war anders als alle anderen, die ich davor begleitet hatte. Er hat alles klaglos über sich ergehen lassen. Aber es war nicht nur das. Noch im Sterben ging etwas Besonderes von ihm aus. In seiner Nähe wurde ich ein anderer Mensch. Ich kann es nicht anders sagen.

Nach ein paar Stunden schrie er laut auf und verstarb dann. Und dann habe ich auf einmal gesagt: »Wahrlich, dieser Mensch ist Gottes Sohn gewesen!« Zuerst dachte ich, dass jemand anderes gesprochen hätte, bis ich merkte: Das war ja ich!

Gottes Sohn: Das ist nicht der Kaiser in Rom, sondern ein gequälter Mann am Kreuz. Das habe ich erkannt!

Ich merke, dass sich mein Leben ändern wird. Wie, das weiß ich noch nicht. Aber es wird sich ändern. Alles wird sich ändern durch diesen Jesus.

Lied »Laudate omnes gentes«, EG 789.1 – 3x

Gebet

Lasst uns beten.

Ewiger, treuer Gott,
in deinem Sohn Jesus Christus bist du uns
so nah gekommen.
Aber wir haben dich nicht an uns herangelassen.
Der Liebe haben wir nicht vertraut.
Die Hoffnung haben wir durchkreuzt.
Vergib uns, Gott!
Lass uns aufwachen zu neuem Leben.
Erhelle die Finsternis unserer Herzen.
Bring dein Licht zu uns.
Amen.

Die Osterkerze wird in die Kirche hineingetragen.

Liturg*in: »Christus, Licht der Welt«

Gemeinde: »Gott sei ewig Dank« (3x)

Die Kerzen auf dem Altar werden entzündet.

Liturg*in: An vielen Orten auf der Erde werden heute die Osterkerzen entzündet. Auch wir wollen das Osterlicht weitergeben – im Sinne der Worte, die der Prophet Jesaja Jahrhunderte vor Jesu Tod geschrieben hat: »Mache dich auf, werde licht; denn dein Licht kommt, und die Herrlichkeit des HERRN geht auf über dir!« (Jesaja 60,1)

Das Licht wird an die Gemeinde weitergegeben. Dabei wird der Kanon gesungen: »Mache dich auf und werde Licht«.

Osterevangelium: Johannes 20,11-18

Lied »Christ ist erstanden«, EG 99 – mit Orgelbegleitung

Predigt (ca. 10 Min.)

Die Gnade unseres Herrn Jesus Christus und die Liebe Gottes und die Gemeinschaft des Heiligen Geistes sei mit euch allen. Amen.

Liebe Gemeinde,

»kommen Sie nicht so dicht ran!« ruft die Frau dem Jogger hinterher. Verärgert schüttelt sie den Kopf. Der Läufer hatte schon einen Bogen um sie gemacht, aber der Frau war er immer noch zu nah.

Es war Corona-Zeit. Einige wollten möglichst viel Abstand, andere sehnten sich nach Nähe.

Ich glaube, dass wir ohne die Nähe von anderen nicht leben können. Allein verkümmern wir auf Dauer.

»You light up my life« ist der Titel eines bekannten Songs aus den 70er Jahren. Du machst mein Leben hell. Ich empfinde das so, wenn meine Frau und unsere Kinder in meiner Nähe sind. Natürlich nicht immer. Es gibt Momente, in denen ich lieber allein bin, in denen Nähe nerven kann. Aber grundsätzlich ist es so: Wenn meine Familie in meiner Nähe ist, werde ich aus trüben Gedanken herausgerissen. Ein Licht geht in mir auf und erhellt meine Stimmung.

Nähe lässt uns aufleben. Dies haben auch die Menschen erfahren, die vorhin im Dunkeln zu uns gesprochen haben. Die Frau, die Jesus gesalbt hat; Petrus, einer seiner Weggefährten; der römische Hauptmann: Sie alle sind Jesus begegnet. Und diese Begegnung hatte ihr Leben verändert.

Auch Maria Magdalena ging es so. Jesus hatte sie von einer schweren seelischen Erkrankung geheilt. Die Bibel erzählt von »sieben Dämonen«, die sie in ihrer Gewalt hatten (vgl. Lukas 8,2). Seitdem war sie mit Jesus unterwegs. Seine Nähe hatte ihr gut getan. Er hatte ihr Leben heller gemacht.

Und jetzt hat sie das Gefühl, dass sie ohne ihn nicht mehr leben kann. Sie steht vor der Grabhöhle und weint. Wenigstens seinem Leichnam will sie nahe sein. Aber als sie in die Grabhöhle hineinschaut, sieht sie dort zwei Engel sitzen. Jesus ist verschwunden.

Wie ist das mit uns? Vermissen wir Jesus? Sehnen wir uns nach seiner Nähe? Oder ist es eher so, dass wir erst an ihn denken, wenn es uns schlecht geht? Dann bitten wir ihn oder vielleicht doch eher Gott um Hilfe. Und wenn die Hilfe auszubleiben scheint, wenden wir uns enttäuscht ab. Jesus ist weit weg. Doch, wenn wir ehrlich sind, ist es eher so: Wir sind weit weg von ihm.

Maria ist dicht an ihm dran. Aber sie merkt es noch nicht. Als sie sich wieder umdreht, steht Jesus vor ihr. Doch sie erkennt ihn nicht. Sie hält ihn für den Gärtner und meint, dass er den Leichnam weggebracht hat. Erst als Jesus sie mit Ihrem Namen anspricht, »Maria!«, werden ihr die Augen geöffnet. Es ist Jesus, der da vor ihr steht.

Ich glaube, dass Gott jede und jeden von uns mit Namen kennt und dass er uns persönlich anspricht. Ich glaube, dass er jedem von uns nah sein will.

Aber zu viel Nähe lässt er nicht zu. Maria will Jesus berühren. Doch er wehrt sie ab. Es gibt eine Grenze zwischen Gott und Mensch. Gott hat diese Grenze verschoben. Er ist uns in Jesus Christus sehr nahegekommen. Zugewandt ist er. Barmherzig, gütig und vergebend. Aber er bleibt auch geheimnisvoll.

Berühren kann Maria Jesus nicht. Aber sie kann ihn hören und sie kann ihn sehen. Er steht vor ihr. Er lebt. Denn er ist auferstanden von den Toten.

Ostern macht deutlich: Die Nähe zu Jesus Christus kennt kein Ende. Denn seine Auferstehung ist ein Zeichen für uns. Wir dürfen darauf vertrauen, dass der Tod für uns nicht das endgültige Ende ist. Nach dem Tod wird Gottes Nähe vollkommen sein.

Auch unsere Schuld trennt uns nicht endgültig von Gott. Ostern erkennen wir: Gott fängt neu mit uns an.

Wahrscheinlich hat Maria das alles noch gar nicht erfassen können. Sie sieht erst einmal nur, was eigentlich nicht zu fassen ist. Jesus steht vor ihr, er lebt! Als er sie losschickt, damit sie seinen Gefährten erzählt, was sie gehört und gesehen hat, bricht sie sofort auf. Sie bleibt nicht in ihrer Trauer. Bestimmt kommt der Schmerz irgendwann wieder. Aber er wird sie nicht zerstören. Denn für Maria hat ein neuer Abschnitt begonnen. Und auch auf diesem Wegabschnitt ihres Lebens ist sie in der Nähe von Jesus Christus.

Wir haben heute Morgen gemeinsam erlebt, wie die Dunkelheit dem Licht gewichen ist. Ostern heißt: Das Licht siegt über die Dunkelheit, Leben siegt über den Tod.

Natürlich wird es heute Abend wieder dunkel werden. Und zu unserem Leben gehören weiterhin Dunkelheiten, wie zum Beispiel verpasste Gelegenheiten, Schuldgefühle, Krankheiten und Trauer.

Aber Ostern wirft ein neues Licht auf dein Leben. Denn Jesus Christus ist für dich und mich auferweckt worden. Gott hat ihn auferweckt, damit wir erkennen können: Die Dunkelheit hat nicht mehr die endgültige Macht über uns. Die Trauer soll dich nicht zerstören. Das Verpasste soll dir nicht das Herz zerreißen. Deine Fehler sollen dich nicht verdammen.

Alles Schlimme, was du erleben und erleiden musst, bestimmt nicht dein Leben.

Es hat nicht mehr die endgültige Macht über dich, weil Gott die Macht des Todes und der Dunkelheit zerbrochen hat.

Was auch geschieht: Du gehörst zu Gott. In der Taufe wird uns das zugesprochen. Die Taufe ist ein großer Lichtpunkt in unserem Leben.

Ich selbst kann sagen: Ich erfahre Gottes Nähe immer wieder. Ich kenne zwar auch die Zeiten, in denen Gott weit weg zu sein scheint. Aber viel intensiver erfahre ich seine Nähe. Zum Beispiel durch die Menschen, die mich lieben und die mir guttun. Ich spüre sie aber auch dann, wenn ich mich nach einer schweren Zeit getröstet, gestärkt und zuversichtlich fühle.

Ostern wirft ein neues Licht auf unser Leben. Niemals sind wir mehr allein. Immer ist Jesus Christus in unserer Nähe.

Auch der Apostel Paulus hat dieses Licht in seinem Leben erfahren. Er schreibt im Brief an die Römer: »Denn ich bin gewiss, dass weder Tod noch Leben, weder Engel noch Mächte noch Gewalten, weder Gegenwärtiges noch Zukünftiges, weder Hohes noch Tiefes noch eine andere Kreatur uns scheiden kann von der Liebe Gottes, die in Christus Jesus ist, unserm Herrn.« (Römer 8,38f.)

Und der Friede Gottes, der höher ist als all unsere Vernunft, bewahre unsere Herzen und Sinne in Christus Jesus. Amen.

Lied »Er ist erstanden, Halleluja«, EG 116,1-4

Einleitung zur Tauferinnerung

Lied »Ich glaube an Gott«, EG 652

Tauferinnerung – dabei: Orgelmusik

Fürbittengebet und Vaterunser

Lied »Wir wollen alle fröhlich sein«, EG 100,1-3

Abkündigungen und Segen

Liedstrophe EG 100,4

Orgelnachspiel

Idee zum Weiterdenken

Die Texte, die »im Dunkeln« verlesen werden, werden von Texten fortgeführt, die »im Licht« vorgetragen werden und davon erzählen, wie der Glaube an Jesus Christus das Leben erhellen kann. In der Gemeinde könnte ein Projekt ins Leben gerufen werden, das Menschen ermutigt, in der Osternacht von dunklen und erhellenden Erfahrungen in ihrem Leben zu berichten.

6. Christi Himmelfahrt:

WIE IM HIMMEL

Gottesdienst mit Gesprächspredigt

Einführung

»Ich finde dich in allen diesen Dingen,
denen ich gut und wie ein Bruder bin;
als Samen sonnst du dich in den geringen
und in den großen giebst du groß dich hin.
Das ist das wundersame Spiel der Kräfte,
daß sie so dienend durch die Dinge gehen:
in Wurzeln wachsend, schwindend in die Schäfte
und in den Wipfeln wie ein Auferstehn.«

(Rainer Maria Rilke)

Viele Gemeinden feiern an Himmelfahrt den Gottesdienst draußen in der Natur. Das passt gut, denn »Christi Himmelfahrt entgrenzt den Ort der Gottesbegegnung«, so der Theologe Kristian Fechtner.[1]

Was zunächst wie ein Abschied aussieht – die Rückkehr von Jesus zu seinem Vater im Himmel –, eröffnet neue Möglichkeiten. Ich kann Jesus nun überall und jederzeit begegnen: im Gebet oder in einer Begegnung, in der Natur oder in der Stille. In solchen Momenten berühren sich Himmel und Erde.

1 Zitiert nach Karl-Martin Harms, Was ist mit der Himmelfahrt Jesu gemeint?, in: Evangelische Zeitung für Niedersachsen, Nr. 19, 9. Mai 2021, S. 19.

Viele Menschen können mit der Geschichte von Christi Himmelfahrt nichts anfangen. Der Verstand sperrt sich gegen diese Geschichte. Außerdem scheint sie keine Bedeutung für das eigene Leben zu haben. Umso wichtiger ist es, Christi Himmelfahrt mit meinem Leben zu verknüpfen, indem ich der Frage nachgehe: Wo habe ich schon einmal Momente erlebt, in denen sich Himmel und Erde zu berühren schienen?

Der folgende Gottesdienst-Entwurf stellt im Anschluss an diese Überlegungen entgrenzende Erfahrungen in den Blickpunkt: Momente, in denen der Himmel offen zu stehen scheint, in denen ich mich selbst vergesse, die Grenzen des Ichs zu überschreiten scheine und doch ganz bei mir selbst bin – und bei Gott. Der Gottesdienst greift Momente der Selbstvergessenheit im Alltag auf, erzählt von einer expliziten mystischen Erfahrung sowie einem Gipfel-Erlebnis und einem besonderen Abend unter dem Sternenhimmel.

Im Anschluss an die Epistel-Lesung aus der Apostelgeschichte 1,3-11 entwickelt sich ein Gespräch über diese »himmlischen« Erfahrungen. Dabei spielt das Lied »Gott ist gegenwärtig« eine wichtige Rolle: Es erzählt ebenfalls von Erfahrungen in der Natur, in denen Gott nicht nur erfahrbar wird, sondern auch zu mir »spricht« – so, wie die Sonne, die mein Gesicht berührt: »laß mich so / still und froh / deine Strahlen fassen und dich wirken lassen«. (EG 165,6).

Ablauf

Musikalisches Vorspiel »Jesus Christus herrscht als König«, EG 123

Eröffnung »Der Himmel über uns«

Lied »Dich rühmt der Morgen«, FT 8[2]

Kyrie mit Lied »Aus der Tiefe rufe ich zu dir«, EG 597,1-4

Gloria mit Kanon »Herr, ich werfe meine Freude«, EG 632

Gebet

Lesung: Apostelgeschichte 1,3-11

Lied »Lord, I lift Your Name On High«, FT 88

Gesprächspredigt 1: Wie im Himmel

Lied »Gott ist gegenwärtig«, EG 165,1

Gesprächspredigt 2: Wie im Himmel

Lied »Gott ist gegenwärtig«, EG 165,5

Gesprächspredigt 3: Wie im Himmel

Lied »Gott ist gegenwärtig«, EG 165,6-7

Glaubensbekenntnis

Abkündigungen

Gebet und Vaterunser

Sendung und Segen

Kanon »Der Himmel geht über allen auf«, EG 588

Personen & Material

- Drei Sprecher*innen
- Eine Bank im Altarraum

2 FT: freiTöne Liederbuch: Beiheft zum Evangelischen Gesangbuch, herausgegeben von der Evangelisch-Lutherischen Landeskirche Hannovers, 2017

Wie im Himmel

Musikalisches Vorspiel »Jesus Christus herrscht als König«, EG 123

Eröffnung »Der Himmel über uns« (ca. 2 Min)

S1 *(steht auf der Kanzel oder bei einem Freiluft-Gottesdienst an einem Pult)*: Wir sind fast zwei Stunden lang unterwegs gewesen. Jetzt wird es sehr steil. Ich denke: »Ich kann nicht mehr!« Doch nach ein paar Metern geben die Bäume den Blick auf den Gipfel frei. Das beflügelt mich: Einige Minuten später erreichen wir das Gipfelkreuz. Erschöpft, aber glücklich. Der Ausblick ist überwältigend. Diese Weite! Wir laufen ein paar Schritte und legen uns in das Gras. Es ist wundervoll still hier oben. Wir liegen im Gras und schauen in den Himmel. Nichts als Himmel über uns. Vielleicht kann ich ihn berühren, wenn ich die Hand ausstrecke? *(tritt ab)*

S2 *(setzt sich auf die Bank)*: Es war schon dunkel geworden, als ich mit einem Freund von einer Fahrradtour durch den Wald nach Hause fuhr. Aber der Mond und die Sterne beleuchteten unseren Weg. Als wir vor unserem Haus standen, da sahen wir unzählige Sterne am Himmel. Wir setzten uns auf eine Bank und schauten zum Himmel. Es waren sogar Sternschnuppen zu sehen. Wir redeten über Milchstraßen, Galaxien, das Universum. Dann schwiegen wir und staunten. Geborgen unter einem großartigen Sternenhimmel.

S3 *(tritt neben die Bank)*: Herzlich willkommen! Die Geschichten, die wir eben gehört haben, passen gut zum Gottesdienst heute am Himmelfahrtstag. Wir werden Geschichten nachgehen, die von einem Stück »Himmel auf Erden« erzählen.

Wir feiern diesen Gottesdienst im Namen des Vaters, der Himmel und Erde geschaffen hat, im Namen des Sohnes, der den Himmel für alle Menschen geöffnet hat, und im Namen des Heiligen Geistes, der unsere Herzen für den Himmel öffnet.

Amen.

Lied »Dich rühmt der Morgen«, FT 8

Kyrie

S1: Dunkle Wolken. Sie lasten auf mir. Ich stelle alles in Frage. Sehe kein Licht. Wo ist der Himmel?

Lied »Aus der Tiefe rufe ich zu dir«, EG 597,1-4

Gloria

S2: Im Buch Hiob steht: »Eben sah man das Licht nicht, das hinter den Wolken hell leuchtet; als aber der Wind daher fuhr, da wurde es klar.« (Hiob 37,21)

Danke, Gott! Du vertreibst die Wolken und schenkst mir dein Licht!

Kanon »Herr, ich werfe meine Freude«, EG 632

Gebet

Du, Gott im Himmel,
komm zu mir!
Ich danke dir für die Erde.

Danke, dass ich ein Teil der Erde sein darf –
gemeinsam mit Tieren und Pflanzen.
Ich danke dir für den Himmel.
Danke, dass ich leben darf –
mit beiden Beinen auf der Erde,
dem Himmel zugewandt.
Lass mich still werden, Gott,
und offen für dich.
Kommt mit deinem Himmel zu mir.
Amen.

Lesung: Apostelgeschichte 1,3-11

Lied »Lord, I lift Your Name On High«, FT 88

Gesprächspredigt 1: Wie im Himmel (ca. 2 Min.)

[*Für drei Sprecher*innen.*]

S1 *(steht vor dem Altar)*: Himmelfahrt ist eine schwierige Geschichte, finde ich. Das ist nicht zu begreifen, was da mit Jesus passiert ist. Wie soll das gehen, dass Jesus plötzlich emporgehoben wird?

S2 *(kommt dazu)*: Ich habe mich das auch schon öfter gefragt. Aber ich glaube, dass wir die Bibel nicht verstehen, wenn wir so fragen. Ich frage daher lieber: Was will Gott uns mit dieser Geschichte sagen?

S1: Und was will er uns mit dieser Geschichte sagen?

S2: Die Geschichte von der Himmelfahrt zeigt uns, dass Jesus und Gott, der Schöpfer im Himmel, letztlich eins sind.

S1: Das hört sich nach einer theologischen Wahrheit an, die vollkommen weit weg ist von meinem Leben. Da frage ich mich: Was habe *ich* davon? Was hat das mit *mir* zu tun.

S2: Du hast Recht. Das ist eine wichtige Frage. Ich versuche es noch einmal anders: Himmelfahrt bedeutet, dass Jesus auf der einen Seite nicht mehr auf der Erde ist. Auf der anderen Seite aber ist er für jeden Menschen zu jeder Zeit und an jedem Ort ansprechbar.

S1: Moment mal: Er wird doch zum Himmel emporgehoben. Damit ist er sehr weit weg.

S2: Das sieht nur so aus. Der Himmel ist ein Bild für den Ort, an dem Gott wohnt. Jesus hat uns doch gezeigt, wie nah uns der Himmel ist.

Lied »Gott ist gegenwärtig«, EG 165,1

Gesprächspredigt 2: Wie im Himmel (ca. 2 Min.)

S1: Wie erfahre ich das denn, dass der Himmel mir nah ist?

S2: In Momenten, in denen ein Stück Himmel auf Erden ist.

S1: Und wann ist das?

S3 *(kommt dazu mit einer Kaffeetasse in der Hand, setzt sich auf die Bank)*: Himmel auf Erden – das ist mein Stichwort. Für mich ist es der Himmel auf Erden, wenn Wochenende ist und ich mit meiner Kaffeetasse auf meiner Bank in meinem Garten sitze.

S2: Ich wollte auf etwas anderes hinaus. Ich spreche von mystischen Erfahrungen. Der Theologe Jörg Zink zum Beispiel erlebte als Achtjähriger folgendes. Er erzählt: »Vor meinen Augen lösten sich die Bäume und Berge und die wenigen Häuser auf. Alles wurde durchscheinend, als wäre es aus Glas. Die Bäume verloren ihre Dichte und Konturen und wurden, als wären sie aus Licht. So ist das also, durchfuhr es mich. Alles ist nur Vordergrund. Dahinter ist alles Licht! Unsere ganze sichtbare Welt tut nur so, als sei sie da! In Wirklichkeit fängt, was wichtig ist, erst dahinter an!«[3]

S1: Das klingt beeindruckend. Ich habe so etwas noch nie erlebt. Aber ich ahne, was du meinst. Ich habe beim Joggen manchmal das Gefühl, alles um mich herum und mich selbst zu vergessen. Es fühlt sich dann so an, als ob ich selbst das Laufen bin. Auch beim Malen habe ich schon öfter festgestellt: Ich habe minutenlang einfach gemalt, ohne es bewusst wahrzunehmen.

S2: Ich kenne das vom Beten und vom Meditieren: Auf einmal bin ich ganz und gar in dem Moment.

S3 *(steht auf)*: Ich kenne das vom Singen im Chor. Mir fällt gerade der Film »Wie im Himmel« ein, in dem es um die Leute in einem Kirchenchor geht und um das Singen.

S1: Dann lass uns jetzt wieder gemeinsam singen.

Lied »Gott ist gegenwärtig«, EG 165,5

3 Zitiert nach Marion Küstenmacher, Die goldene Schnur zu Gott. Jörg Zink war ein Mensch der Bücher und Träume, in: Evangelische Zeitung für Niedersachsen, Nr. 16, 19. April 2020, S. 3.

Gesprächspredigt 3: Wie im Himmel (ca. 4 Min.)

S2: Ich liebe dieses Lied »Gott ist gegenwärtig«. Der Text von Gerhard Teerstegen findet wunderschöne Worte für diese Momente, in denen Himmel und Erde sich berühren.

S1: Lasst uns die 5. Strophe noch einmal gemeinsam sprechen.

Gemeinde: Luft, die alles füllet, / drin wir immer schweben, / aller Dinge Grund und Leben, / Meer ohn Grund und Ende, / Wunder aller Wunder: / ich senk mich in dich hinunter. / Ich in dir, / du in mir, / laß mich ganz verschwinden, / dich nur sehn und finden. (EG 165,5)

S3: Das sind wirklich wunderschöne Worte! Und sie erzählen genau von der Erfahrung, über die wir eben gesprochen haben: Ich vergesse alles um mich herum und bin ganz in dem Moment.

S1: Es gibt bestimmt Menschen, die das Eintauchen in den Augenblick gar nicht religiös verstehen.

S2: Das ist richtig. Für mich aber steht in solchen Momenten der Himmel ein Stück weit offen, und ich kann erkennen: Es gibt mehr, als vor Augen ist. Wir sind von einer größeren Wirklichkeit umfangen. Wir Christen nennen sie »Gott« und glauben daran, dass dieser Gott in Jesus Christus sichtbar geworden ist. Jesus ist in den Himmel aufgefahren, aber er ist nicht weit weg von uns, sondern ist für alle Menschen überall und jederzeit ansprechbar und erfahrbar. In allem, was wir tun, umgibt er uns.

S1: Aber diese Momente, in denen der Himmel offensteht, die können wir nicht erzwingen. Ich glaube, wenn wir uns Zeit für die Dinge nehmen, die gut für uns sind, – Beten, Laufen und Malen zum Beispiel – und offen sind, dann können wir solche Momente erfahren.

S2: Offen sein für besondere Momente – das erinnert mich an das Buch »Unverfügbarkeit« des Soziologen Hartmut Rosa. Dort schreibt er: »Lebendigkeit, Berührung und wirkliche Erfahrung aber entstehen aus der Begegnung mit dem Unverfügbaren. Eine Welt, die vollständig gewusst, geplant und beherrscht wäre, wäre eine tote Welt.«[4]

S3: Genau. Und da sind wir wieder bei mir und meiner Kaffeetasse. Einfach einmal auf die Bank setzen und die Seele baumeln lassen. Dann kommt der Himmel von ganz allein zu dir. *(setzt sich auf die Bank, die anderen beiden setzen sich dazu)*

S1, S2 und S3: Amen.

S1: Lasst uns von dem Lied »Gott ist gegenwärtig« die Strophe 6 sprechen:

Gemeinde: »Du durchdringest alles, / laß dein schönstes Lichte, / Herr, berühren mein Gesichte. / Wie die zarten Blumen / willig sich entfalten / und der Sonne stille halten, / laß mich so / still und froh / deine Strahlen fassen / und dich wirken lassen.«

S1: Nun lassen wir die ganze Predigt in uns nachklingen, indem wir von dem Lied »Gott ist gegenwärtig« noch einmal die Strophe 6 und dann die Strophe 7 singen.

Lied »Gott ist gegenwärtig«, EG 165,6-7

Glaubensbekenntnis

4 Hartmut Rosa, Unverfügbarkeit, Wien-Salzburg 2018, S. 8.

Abkündigungen

Gebet und Vaterunser

Sendung und Segen

Kanon »Der Himmel geht über allen auf«, EG 588

Idee zum Weiterdenken

Ein Seminar in der Kirchengemeinde bietet einen Austausch über Erfahrungen an, in denen sich für mich Himmel und Erde berührt haben. Diese Erfahrungen werden dann kreativ in Form gebracht: als Geschichte, als Gedicht oder als Bild – und in einem Gottesdienst vorgestellt. Diese Idee kann mit dem obigen Entwurf kombiniert werden.

7. Pfingsten:

DIE TÜREN STEHEN OFFEN

Gottesdienst an Pfingsten mit Anspielen und Dialogpredigt

Einführung

> *»Nun feiern wir also auch Pfingsten getrennt, und es ist doch in besonderer Weise ein Fest der Gemeinschaft. Als die Glocken heute früh läuteten, hatte ich große Sehnsucht nach einem Gottesdienst, aber dann habe ich es gemacht wie Johannes auf Patmos (Offenbarung 1,9f.) und für mich allein einen so schönen Gottesdienst gehalten, daß die Einsamkeit gar nicht zu spüren war, so sehr wart ihr alle, alle dabei und auch die Gemeinden, in denen ich Pfingsten schon gefeiert habe.«*
>
> *(Dietrich Bonhoeffer – Ein Brief aus dem Gefängnis)*

In den vergangenen Jahren ist auf verschiedenen Ebenen eine Tendenz zu beobachten: Menschen schotten sich immer mehr voneinander ab. »Die Gesellschaft driftet auseinander. Die Idee der großen Gemeinschaft verliert an Kraft, die Menschen grenzen sich in immer kleinere Gruppen ab«, heißt es in einem Artikel bei ZEIT ONLINE.[1]

Bei vielen gesellschaftlichen Themen, wie der Impfdebatte oder der Diskussion über den Klimawandel, bilden sich schnell Fronten, die scheinbar kaum überbrückt wer-

1 https://www.zeit.de/2018/03/gesellschaftlicher-zusammenhalt-europa-studie-wir-und-die-anderen, aufgerufen am 12. August 2021.

den können. Die Bereitschaft zur Verständigung scheint abzunehmen. Die sozialen Netzwerke verstärken diesen Trend.

Auch auf nationaler Ebene wird immer mehr auf die Durchsetzung eigener Interessen gesetzt. Gemeinsame Strategien zur Lösung von Problemen zu erarbeiten oder verbindende Visionen zu entwickeln, wird schwieriger.

In der Kirche ist der Impuls sich abzuschotten ebenfalls zu beobachten. Die Kirche ist verschiedenen Veränderungsprozessen unterworfen. Dabei steht sie in der Gefahr, sich zu sehr mit sich selbst zu beschäftigen oder das Heil nur in vertrauten Traditionen zu suchen.

Vor diesem Hintergrund ist das Pfingstfest aktueller denn je. In der Pfingstgeschichte wird der Heilige Geist wie ein Sturm beschrieben, der die Türen aufreißt und die Apostel damit nach draußen treibt. Zugleich schwebt er wie Feuerzungen über den Köpfen der Apostel und versetzt sie in Begeisterung. Es ist der Geist von Jesus Christus, der hier beschrieben wird. Jesus Christus, der Menschen mit seiner Nähe grundlegend verändert, der Ausgegrenzte in die Gemeinschaft zurückgebracht hat, der selbst immer wieder Grenzen überschritten hat, ist seit dem ersten Pfingstfest als Gottes Heiliger Geist zwischen uns. Gottes Geist ist die Kraft, die uns hilft, uns neu zu verbinden: mit Gott, mit dem Vertrauen in uns, mit den Menschen um uns herum.

Die folgenden Gottesdienst-Bausteine knüpfen an diese Gedanken an. Das einleitende Anspiel erzählt von der Unsicherheit und der Angst der Jünger und verweist dabei auf die Gegenwart. Am Ende des Gottesdienstes erfährt es eine Fortsetzung.

Dazwischen steht eine Dialogpredigt, die die gegenwärtigen gesellschaftlichen und kirchlichen Tendenzen der Abschottung reflektiert und dabei das dynamische Wirken des Heiligen Geistes entfaltet: Er ruft uns dazu, unsere Komfortzone zu verlassen und Neues zu wagen.[2]

Ablauf

Orgelmusik

Begrüßung

Lied »Schmückt das Fest mit Maien«, EG 135,1-2+4

Psalm 118 im Wechsel, EG 747

Eingangsliturgie

Gebet

Anspiel 1

Musikalisches Zwischenspiel

Epistel-Lesung: Apostelgeschichte 2,1-12

Lied »Atme in uns, Heiliger Geist«, FT 7

Dialogpredigt

Kanon »Ihr werdet die Kraft des Heiligen Geistes empfangen«, EG 132

Glaubensbekenntnis

Abkündigungen

Lied »Zieh ein zu deinen Toren«, EG 133,1+7+8

Gebet und Vaterunser

Anspiel 2

Sendung und Segen

Lied »Schmückt das Fest mit Maien«, EG 135,7

Orgelmusik

2 Vgl. Kerstin Lammer, Raus aus der Komfortzone. Gedanken zum Pfingstfest, in: Evangelische Zeitung für Niedersachsen, Nr. 21, 23. Mai 2021, S. 1.

Personen & Material

- Vier Sprecher*innen für die Anspiele
- Zwei Sprecher*innen für die Dialogpredigt
- Ein Tisch mit vier Stühlen im Altarraum

Die Türen stehen offen

Orgelmusik

Begrüßung

Lied »Schmückt das Fest mit Maien«, EG 135,1-2+4

Psalm 118 im Wechsel, EG 747

Eingangsliturgie

Gebet

Anspiel (ca. 2 Min.)

*[Für vier Sprecher*innen. Im Altarraum steht ein Tisch. S1 sitzt ängstlich an einer Ecke des Tisches. S3 sitzt ebenfalls am Tisch und schreibt. S2 läuft nervös durch den Altarraum und tritt hinter den Altar. S4 ist zu Beginn nicht zu sehen und könnte sich – je nach Situation vor Ort in der Sakristei aufhalten.]*

S1 *(aufgebracht)***:** Geh vom Fenster weg!

S2: Warum denn? Ich will doch nur mal gucken!

S1: Wenn dich die Römer sehen! Dann werden wir bestimmt entdeckt und verhaftet!

S2: Es sind aber so viele Leute aus vielen verschiedenen Ländern in der Stadt! Ich habe große Lust, nach draußen zu gehen!

S1: Bist Du wahnsinnig? Du bringst uns noch den Tod! Jetzt setz dich wieder hin!

S4 *(ist bei den Worten von S1 dazu gekommen und zieht S2 zu einem Stuhl hin und sagt zu S2)***:** Jetzt beruhig´ dich mal.

S2 *(setzt sich)***:** Ich soll mich beruhigen? Ich *BIN* ruhig! Er (*zeigt auf S1*) ist völlig paranoid.

S1: Ich bin überhaupt nicht paranoid. Aber du bist vielleicht ein Spion der Römer!

(S2 schüttelt den Kopf)

S4 (*zu S1*): Und du beruhigst dich auch mal. Es ist wichtig, dass wir die Nerven behalten. Hier drinnen sind wir sicher.

S2: Wir können aber doch nicht unser ganzes Leben hier verbringen!

S1: Warum nicht? Besser als von den Römern verhaftet werden.

S4: Genau. Es geht erst einmal um unsere Sicherheit.

S2: Aber Jesus hat doch immer wieder gesagt: »Fürchtet euch nicht!« Wir sollen uns nicht von der Angst bestimmen lassen.

S3 *(hat bisher ununterbrochen geschrieben und sieht jetzt auf)***:** Darüber müssen wir noch reden, wie er das gemeint hat. Ich entwerfe jetzt erst einmal ein Strategiepapier als Diskussionsgrundlage für unser weiteres Vorgehen.

S2 *(verwirrt)***:** Okay ... Aber Jesus hat uns doch gesagt, dass wir seine Botschaft weitertragen sollen. Dafür müssen wir nach draußen gehen! (*steht auf*)

S3: Erst einmal ist es wichtig, dass wir seine Botschaft bewahren. Wenn wir nach draußen gehen, dann verändert sich alles. Das ist nicht gut.

S2 *(setzt sich wieder)*: Aber Veränderungen sind doch nicht unbedingt schlecht. Jesus hat unser aller Leben grundlegend verändert.

S4: Das stimmt. Aber das war einmal. Jetzt geht es darum, dass wir die Tradition bewahren.

S3: Alles soll ja schön bleiben, wie es ist.

S1: Bleiben dann auch die Römer?

S2 *(steht wütend auf)*: Ihr seid ja alle komplett durchgeknallt!

S1: Nicht so laut!

(S3 und S4 wollen S2 wieder zu seinem Platz bringen. Plötzlich wird die Tür – wie von einem starken Wind – aufgerissen. Alle springen auf.)

S1: Die Römer! Hilfe!

S3: Jetzt ist alles vorbei!

S4: Das ist das Ende!

S2: Endlich! *(breitet die Arme aus und geht nach draußen. Die anderen folgen zögerlich.)*

Musikalisches Zwischenspiel

Epistel-Lesung: Apostelgeschichte 2,1-12

Lied »Atme in uns, Heiliger Geist«, FT 7

Dialogpredigt (ca. 10 Min.)

[*Für zwei Sprecher*innen. Die beiden Sprecher*innen sollten auf einer Ebene stehen.*]

S1: Die Gnade unseres Herrn Jesus Christus und die Liebe Gottes und die Gemeinschaft des Heiligen Geistes sei mit euch allen.

Amen.

Liebe Gemeinde,

wir brauchen ein neues Pfingstwunder! Menschen aus unterschiedlichen Ländern verstehen sich. Heute verstehen sich schon Menschen, die dieselbe Sprache sprechen, kaum noch.

S2: Das hat es bestimmt schon immer gegeben. Aber ich habe auch den Eindruck, dass immer mehr übereinander anstatt miteinander geredet wird. Ich denke nur an die sozialen Netzwerke: Dort wird doch kaum diskutiert. Pausenlos wird alles Mögliche kommentiert und bewertet.

S1: Wir sind zu so einer Art Jury-Gesellschaft geworden. Meistens wird schneller gepostet als gedacht – oft aus dem ersten spontanen Gefühl heraus. Und was gesendet wird, verbreitet sich in Sekundenschnelle und ruft wieder neue spontane Reaktionen hervor. Da kommt es dann schnell zum Shitstorm. Die sachliche Auseinandersetzung mit einem Thema kommt oft leider viel zu kurz.

S2: Erst denken und dann reden bzw. schreiben wäre auch für die sozialen Medien eine gute Leitlinie. Dabei passt die Idee der sozialen Netzwerke gut zu Pfingsten: Verschiedene Menschen kommen zusammen, verbinden und verstehen sich. So könnte und sollte es sein.

S1: Wie so oft liegt das Problem nicht in der Technik, sondern darin, was der Mensch daraus macht. Bei vielen gesellschaftlichen Themen stehen sich Gruppen gegenüber, die die jeweils andere Position überhaupt nicht verstehen können. Was immer weniger wird, ist die Bereitschaft, sich in einen Menschen mit einer unterschiedlichen Meinung hineinzuversetzen.

S2: Ich sehe das ähnlich: Es gibt so eine Tendenz, sich von anderen abzuschotten. Du kannst das auch auf einer größeren Ebene beobachten. Immer mehr Länder erklären, nun noch stärker auf ihre eigenen Interessen zu achten. Und immer mehr Länder schließen ihre Grenzen vor Flüchtlingen.

S1: Ich finde das traurig. Auf der einen Seite finde ich es in Ordnung, an sich selbst zu denken. Auf der anderen Seite fehlen mir die gemeinsamen Visionen. Du hast das Thema »Flüchtlinge« angesprochen. Hier müssen alle Länder zusammenarbeiten. Das gilt genauso beim Klimawandel.

S2: Damals, als die Mauer gefallen ist, dachte ich, wir wären schon weiter. Damals hatte ich den Eindruck: Die Menschen bewegen sich immer mehr aufeinander zu. Aber dann hat sich alles wieder anders entwickelt.

S1: Aber wir müssen das nicht so hinnehmen. Wir können etwas tun! Wir brauchen, wie du schon sagst, gemeinsame Visionen. Wir brauchen auch Bilder, die wir den Bildern der Abgrenzung gegenüberstellen können. Ich war einmal auf der Zugspitze. An einer Stelle guckst du auf Berggipfel, die sich bis zum Horizont erstrecken. Auf der Informationstafel wird deutlich: Diese Berge gehören zu vier Ländern. Die Grenzen sind nicht sichtbar. Das erinnerte mich an die Pfingstgeschichte. Denn auch dort lösen sich die Grenzen auf, die Menschen trennen.

S2: Ein schönes Bild! Allerdings ist meine Meinung: Ganz ohne Grenzen geht es nicht. So weit sind wir noch nicht.

S1: Grenzen sind wichtig. Aber Grenzen müssen auch immer wieder überschritten werden.

S2: Genau. Etwas, das mich an Pfingsten erinnert hat, ist ein Konzert der Band U2 gewesen, das ich einmal im Fernsehen gesehen habe. Als sie ihren Song »One« gespielt haben, kam auf einmal die schwarze Sängerin Mary J. Blige auf die Bühne. Die Zeilen am Schluss haben mich sehr berührt. Da heißt es: »One life, but we´re not the same, we get to carry each other.« Auf Deutsch: ›Ein Leben, aber wir sind nicht gleich. Wir müssen uns gegenseitig tragen.‹ Ich habe das als Botschaft verstanden, dass die Menschen – egal, welche Hautfarbe sie haben – zusammenstehen müssen.

S1: Mir fällt der Satz aus dem Brief an die Gemeinden in Galatien ein: »Einer trage des andern Last.« (Galater 6,2). Danke für diesen beeindruckenden Moment, von dem du da erzählt hast! Wie die Menschen in der Not zusammenstehen, haben wir auch bei der Flutkatastrophe 2021 in Deutschland erleben können. Das macht Mut!

S2: Wie du eben schon sagtest: Wir müssen immer Grenzen überschreiten. Wenn die Apostel damals keine Grenzen überschritten hätten, gäbe es die Kirche gar nicht. Oder die Kirche wäre nur eine kleine Gruppe verängstigter Leute.

S1: Böse Zungen behaupten: Manchmal *ist* die Kirche eine Gruppe verängstigter Leute. Aber das muss natürlich nicht so sein. Kirche sollte ein Ort sein, an dem wir Neues wagen. Ein Ort, an dem Menschen sich begegnen, miteinander ins Gespräch kommen, neuen Mut finden, aber auch neue Ideen. Wir müssen als Kirche immer wieder Grenzen überschreiten.

S2: Der Heilige Geist hilft uns dabei. Er ist die Kraft Gottes, die uns öffnet, die uns in Bewegung setzen will. Die Türen sind offen. Wir müssen nur losgehen.

S1: Wir dürfen uns in der Kirche nicht zu sehr mit uns selbst beschäftigen. Wir müssen auf andere zugehen. Das wird uns verändern. Ist das nicht spannend?

S2: Ich sehne mich danach, dass sich einiges in meinem Leben verändert. Ich denke zu oft an Dinge, die bei mir nicht gut gelaufen sind. Ich möchte mehr auf das Schöne sehen und auf das, was noch möglich ist.

S1: Der Heilige Geist setzt uns in Bewegung, uns zu verändern. Ein Sprichwort aus China lautet: »Wenn der Wind der Veränderung weht, bauen die einen Mauern und die anderen Windmühlen.«

S2: Bei dem Theologen und Schriftsteller Kurt Marti habe ich den Satz gefunden: »Der Heilige Geist ist keine Zimmerlinde, die Schrift vergleicht ihn mit dem Winde.« Ich liebe frischen Wind, der die trüben Gedanken vertreibt.

S1: Ein sehr schöner Satz. Wir sollten in der Kirche nicht immer sagen: »Das war schon immer so«. Lassen wir uns auf Neues ein.

S2: Ja, lassen wir uns auf Neues ein! Ich will versuchen, nicht immer alles zu bewerten. Ich will lieber darauf schauen, was ich in einer Situation gelernt habe oder Positives mitnehmen konnte.

S1: Das hört sich sehr gut an! Ich dagegen denke: Ich muss mich nicht immer um jeden Preis in einer Diskussion durchsetzen. Ich will mehr zuhören und versuche zu verstehen. Und wenn am Ende zwei Meinungen nebeneinanderstehen, ist das auch kein Drama.

S2: Der Heilige Geist macht uns Mut dazu. Er ist die Kraft des Gottes, der Leben schafft, der Neues schafft. Er ist die Kraft des Christus, der die Angst kennt, aber überwindet. Er ist Gottes Kraft in uns, die uns hinausruft.

S1: Die Türen stehen offen.

S2: Wir müssen nur losgehen.

Amen.

Kanon »Ihr werdet die Kraft des Heiligen Geistes empfangen«, EG 132

Glaubensbekenntnis

Abkündigungen

Lied »Zieh ein zu deinen Toren«, EG 133,1+7+8

Gebet und Vaterunser

Anspiel 2 (ca. 1 Min.)

[*Die vier Sprecher*innen aus dem ersten Anspiel stehen wieder im Altarraum. Sie sehen etwas zerzaust aus. Der Tisch liegt auf dem Boden.*]

S4 *(verwirrt)*: Wow! Dieser Sturm hat alles durcheinandergebracht. Er hat auch uns durcheinandergebracht.

S2 *(begeistert)*: Habe ich es nicht gesagt! Es war schön, so viele unterschiedliche Leute zu treffen. Ich habe Jesus bei uns gespürt, als wir da draußen waren.

S3 *(nachdenklich)*: Schade nur, dass mein Strategiepapier dabei weggeweht ist. Aber vielleicht ist das gar nicht so wichtig. Vielleicht ist es viel wichtiger, dass wir miteinander reden.

S1: Da waren Menschen aus Mesopotamien, Judäa und Kappadozien, Pontus und der Provinz Asia und viele andere. *(verschmitzt)* Und sogar Römer. Die waren gar nicht so verkehrt. Mal sehen, wohin Gott uns als nächstes schickt!

Sendung und Segen

Lied »Schmückt das Fest mit Maien«, EG 135,7

Orgelmusik

Idee zum Weiterdenken

Dieser Gottesdienst kann ebenso am Pfingstmontag gefeiert werden. Dann werden oft ökumenische Gottesdienste gefeiert. Eine Dialogpredigt bietet sich dann geradezu an.

Es lohnt sich, tatsächlich eine Predigt im Dialog zu schreiben. Die eine Person beginnt, schickt die Zeilen weiter. Die zweite Person setzt fort …

8. Sommer:

ZEIT FÜR DICH

Freiluft-Gottesdienst mit Bibelwort-Collage,
Anspiel und Dialogpredigt

Einführung

»Fürchte dich nicht,
gesandt in den neuen Tag,
für den du lebst.
Fürchte dich nicht,
gesandt in den neuen Tag,
für ihn lebst du.«
(EG 595,3)

Die »Zeit« ist ein existentielles Thema. Der Mensch ist ein Lebewesen, das sich seiner eigenen Vergänglichkeit bewusst ist. Dies wird auch in den Texten der Bibel deutlich.

In unserer Gegenwart ist das Gefühl der eigenen Vergänglichkeit paradoxerweise gesteigert. Auf der einen Seite hat die moderne Welt dazu beigetragen, die menschliche Lebenszeit zu verlängern. Auf der anderen Seite haben wir grundsätzlich das Gefühl, zu wenig Zeit zu haben.

»Ich will nur mal eben kurz ...« Viele unserer Sätze beginnen so. Denn wir leben ständig im Hamsterradmodus und arbeiten To-do-Listen ab, um Zeit für die eigentlichen, wesentlichen Dinge des Lebens zu gewinnen. Aber oft gelingt uns das nicht. Viele Menschen fühlen sich heutzutage ausgebrannt. Burn-out ist eine weitverbreitete Krankheit in unserer modernen Welt, die darauf angelegt ist, sich auszudehnen und zu wachsen.[1]

Auch kirchliche Mitarbeiterinnen und Mitarbeiter leiden verstärkt unter Burn-out. Das hängt auch mit Strukturen des Gemeindepfarramtes zusammen. Dies ruft umso mehr dazu auf, den guten und gesunden Umgang mit der Zeit in den Fokus zu stellen. Die Bibel bietet heilsame Perspektiven für ein entschleunigtes Leben. Diese sollten wiederholt im Kirchen- und im Kalenderjahr aufgezeigt werden. Der Sommer bietet sich als Termin aber geradezu an. Vielen Menschen wird im Urlaub bewusst, wie gehetzt sie in der Zeit davor gelebt haben. Sie sind offen dafür, über einen anderen Umgang mit der Zeit nachzudenken.

Der folgende Entwurf eines sommerlichen Freiluft-Gottesdienstes in der Natur mit dem Titel »Zeit für Dich« versucht, an diese Offenheit anzuknüpfen.

In Gottesdiensten zum Thema Zeit werden gerne die einschlägigen Texte »Alles hat seine Zeit« aus dem Buch des Predigers Salomo (Prediger 3,1-26) oder die Worte Jesu über die »Vögel unter dem Himmel« und die »Lilien auf dem Felde« aus der Bergpredigt (Matthäus 6,25-34) vorgelesen. Die Gefahr besteht, dass sie uns nichts Neues mehr sagen, weil wir sie schon so oft zum Thema »Zeit« gehört haben. Im folgenden Entwurf schlage ich daher einen anderen Text vor, der vielleicht zunächst befremdlich wirkt, der aber gerade deshalb zum Weiterdenken anregen kann: In der Geschichte von der Ehebrecherin (Johannes 8,2-11) zeigt Jesus einen entschleunigten Umgang mit der Zeit auf.

1 Der Soziologe Hartmut Rosa beschreibt den Zusammenhang von Beschleunigung, Entfremdung und moderner Gesellschaft sehr treffend in seinem Buch: Resonanz, Eine Soziologie der Weltbeziehung, Berlin 2016, bes. S. 13-36.

Ablauf

Musikalisches Vorspiel

Anspiel: Keine Zeit

Begrüßung

Lied »Die güldne Sonne«, EG 449,1-4

Bibelwort-Collage über Zeit und Ewigkeit

Gebet

Lied »Die Himmel erzählen die Ehre Gottes«, FT 90

Evangeliums-Lesung: Jesus und die Ehebrecherin (Johannes 8,2-11)

Lied »Ich lobe meinen Gott von ganzem Herzen«, EG 272

Dialog-Predigt

Lied »Gott gab uns Atem«, EG 432,1-3

Glaubensbekenntnis

Abkündigungen

Lied »Freuet euch der schönen Erde«, EG 510,1-5

Fürbitten und Vaterunser

Sendung und Segen

Musikalisches Nachspiel

Personen & Material

- Vier Sprecher*innen (zwei Sprecher*innen für das Anspiel und zwei Sprecher*innen für die Bibelwort-Collage)
- Zwei Sprecher*innen für die Predigt

Zeit für Dich

Musikalisches Vorspiel

Anspiel: Keine Zeit (ca. 2 Min.)

[*Für zwei Sprecher*innen.*]

S1 *(tritt auf, S2 kommt gehetzt vorbei)*: Hey, schön dich zu sehen!

S2 *(gestresst)*: Hey, hallo! Du, sorry, ich muss gleich weiter.

S1: Keine Zeit für einen Kaffee?

S2: Oh nein, ich muss jetzt gleich zum Tanzen, danach Joggen, dann zum Gitarre-Spielen und dann muss ich auch noch Hausaufgaben machen.

S1: Aber wir wollten uns doch mal wieder treffen!

S2 *(zerstreut)*: Wollten wir? Ach ja, stimmt! Aber weißt du, in dieser Woche sieht es sehr schlecht aus. *(schaut auf das Smartphone)* Wenn ich mal in meinen Terminkalender schaue ... oh nein, das ist ja furchtbar! Also diese Woche sieht es ganz, ganz schlecht aus. Tut mir leid.

S1: Was? Du hast die ganze Woche keine Zeit? Musst du denn wirklich so viel machen?

S2 *(von oben herab)*: Du, wenn man heute vorankommen will, dann muss man schon mindestens vier verschiedene Sprachen sprechen können. Sportlich durchtrainiert zu sein, ist auch wichtig. Und ein paar Musikinstrumente spielen, kann auch nicht schaden. Denk mal darüber nach. (*schaut auf das Smartphone*) Oh nein, ich komme zu spät. (*rennt los*)

S1: Und was ist mit unserer Verabredung?

S2 *(leicht hysterisch)*: Du, ich muss jetzt wirklich los. Schreib´ mir doch mal. Tschau!

S1: Tschau! *(zu sich)* Schade, dass sie gar keine Zeit mehr für ihre Freunde hat.

Begrüßung

Herzlich willkommen zum Gottesdienst!

»Zeit für Dich« ist die Überschrift über diesen Gottesdienst. Schön, dass Sie sich Zeit genommen haben!
Wir nehmen uns Zeit, um zur Ruhe zu kommen. Zeit, um das zu sehen, was um uns herum ist: der blaue Himmel über uns, die Bäume und die Blumen.
Wir nehmen uns Zeit, um uns auf Gott einzustimmen: um auf sein Wort zu hören, um zu beten und zu singen.
Und Gott nimmt sich Zeit für uns. Mögen wir seine Nähe heute erfahren können.
Wir feiern diesen Gottesdienst im Namen des ewigen Vaters, der die Zeit geschaffen hat, im Namen des Sohnes, der in unsere Zeit gekommen ist, und im Namen des Heiligen Geistes, der uns in jedem Augenblick erfrischen will. Amen.

Bibelwort-Collage über Zeit und Ewigkeit (ca. 2 Min.)

[*Für zwei Sprecher*innen.*]

S1: »Herr, du bist unsere Zuflucht für und für. Ehe denn die Berge wurden und die Erde und die Welt geschaffen wurden, bist du, Gott, von Ewigkeit zu Ewigkeit.« (Psalm 90,1-2)

S2: »Alles Fleisch ist Gras, und alle seine Güte ist wie eine Blume auf dem Felde.« (Jesaja 40,6)

S1: »Du lässest sie dahinfahren wie einen Strom, sie sind wie ein Schlaf, wie ein Gras, das am Morgen noch sprosst und des Abends welkt und verdorrt.« (Psalm 90,5-6)

S2: »Meine Tage sind schneller gewesen als ein Läufer; sie sind dahingeflohen und haben nichts Gutes erlebt.« (Hiob 9,25)

S1: »Denn tausend Jahre sind vor dir wie der Tag, der gestern vergangen ist, und wie eine Nachtwache.« (Psalm 90,4)

S2: »Himmel und Erde werden vergehen ...« (Markus 13,31a)

S1: »Alles Fleisch ist Gras ...« (Jesaja 40,6a)

S2: »Fürchte dich nicht! Ich bin der Erste und der Letzte und der Lebendige. Ich war tot, und siehe, ich bin lebendig von Ewigkeit zu Ewigkeit und habe die Schlüssel des Todes und der Hölle.« (Offenbarung 1,18)

S1: »Die Zeit ist erfüllt ...« (Markus 1,14a)

S2: »Himmel und Erde werden vergehen; meine Worte werden aber nicht vergehen.« (Markus 13,31)

S1: »Die Zeit ist erfüllt, und das Reich Gottes ist nahe herbeigekommen.« (Markus 1,14)

S2: »Ich aber, Herr, hoffe auf dich und spreche: Du bist mein Gott! Meine Zeit steht in deinen Händen.« (Psalm 31,15-16a)

Amen.

Gebet

Evangeliums-Lesung: Jesus und die Ehebrecherin (Johannes 8,2-11)

Lied »Die Himmel erzählen die Ehre Gottes«, FT 90

Lied »Gott gab uns Atem«, EG 432,1-3

Dialogpredigt (ca. 10 Min.)

[*Für zwei Sprecher*innen.*]

S1: Die Gnade unseres Herrn Jesus Christus und die Liebe Gottes und die Gemeinschaft des Heiligen Geistes sei mit euch allen. Amen.

Liebe Gemeinde,

woran erkennt man einen Rentner? Ganz einfach: an den Worten »Keen Tid, keen Tid«. Keine Zeit, keine Zeit.

S2: Aber das geht nicht nur den Rentnern so. Wir haben doch alle keine Zeit mehr. Das Rollenspiel am Anfang hat es uns zugespitzt vor Augen geführt: Wir haben alle keine Zeit mehr.

S1: Eigentlich merkwürdig. Eigentlich haben wir doch viel mehr Zeit als die Menschen früher. Früher, da haben die Menschen gearbeitet, haben den Haushalt versorgt und sich nebenbei noch um die Landwirtschaft gekümmert. Freizeit im heutigen Sinn gab es kaum. Wenn ich mit älteren Menschen über die damaligen Zeiten spreche, sagen sie zu mir: »Wir kannten es ja nicht anders. Wir waren zufrieden.« Aber wenn ich mit Leuten aus unserer jüngeren Generation spreche, dann sind die meisten immer im Stress. Wie kommt das?

S2: Ich denke, die Zeiten haben sich geändert. Es gibt viel mehr Möglichkeiten, die eigene Lebenszeit zu füllen. Die meisten versuchen, möglichst viel zu erleben und pressen deshalb so viele Termine wie möglich in ihre Freizeit. Und dazu kommt: Wir haben das Gefühl, immer präsent sein zu müssen. Wenn mal nichts zu tun ist, sitzen wir am Handy und sind in unseren sozialen Netzwerken unterwegs. Aber wann machen wir einfach mal nichts und sind bei uns?

S1: Das stimmt. Das ist mir auch während der Corona-Krise aufgefallen. So viele Prominente haben davon berichtet, dass sie ein Instrument oder eine Sprache in dieser Zeit gelernt haben. Und wir machen mit bei diesem Selbstoptimierungswahn, anstatt uns einfach einmal herunterzufahren. Wir steigern die Ansprüche an uns und andere immer mehr.

S2: Es gibt ein Wort, das mir in diesem Zusammenhang gut gefällt. Und das heißt »Entschleunigung«. Viele leben heute so, als wenn sie immer auf der Überholspur fahren würden. Aber das macht uns auf Dauer kaputt. Kein Wunder, dass »Burn-out« die Krankheit unserer Zeit ist. Wir brauchen auch einmal Auszeiten. Als ich neulich ein Kind gefragt habe, was ihm in der Schule am Besten gefällt, sagte es: »Die Pausen.«

S1: Wir schmunzeln über diese Antwort. Aber wir sollten sie uns wirklich einmal zu Herzen nehmen. Dabei fällt mir ein: Jemand hat einmal gesagt, dass die kürzeste Definition von Religion »Unterbrechung« sei. Religion unterbricht unseren Alltag. Sie schenkt uns eine Auszeit mitten im Alltag. Ich erfahre das im Gottesdienst. Oft bin ich noch am Sonntagmorgen voller negativer Gedanken. Der Gottesdienst hilft mir, davon frei zu werden und wieder einen anderen Blick auf die Dinge zu bekommen.

S2: Das geht mir ähnlich. Ich beginne jeden Tag mit dem »Vaterunser« und dann halte ich einen Moment Stille. Das ist dann so, als würde ich für einen Moment in Gottes Ewigkeit eintauchen. Nicht die Hektik und der Stress sollen über meinem Tag stehen, sondern die Ewigkeit und die Stille.

S1: Was du da sagst, zeigt mir: Es geht darum, gelassener zu werden. Für mich ist Jesus dabei ein gutes Vorbild. Er wirkt oft sehr gelassen. Zum Beispiel in der Geschichte, als seine Jünger und er mit ihrem Boot in einen Sturm geraten. Da ist er der einzige, der nicht in Panik gerät. Er schläft sogar, bis er geweckt wird. Und dann beendet er den Sturm ganz souverän.

S2: Jesus hat auf der einen Seite viel getan, aber auf der anderen Seite hat er sich auch immer wieder seine Auszeiten genommen. Er hat gerne mit anderen zusammengesessen, mit ihnen gegessen und getrunken. Aber er hat sich auch immer wieder zurückgezogen, um Zeit für sich und das Gespräch mit Gott zu haben.

S1: Die Geschichte, die wir erst gehört haben, beginnt eigentlich damit, dass sich Jesus auf den Ölberg zurückgezogen hatte. Dann kommt er zurück in den Tempel, und dort begegnet er dann den Schriftgelehrten und den Pharisäern und der Ehebrecherin. Ich finde Jesus bewundernswert ruhig in dieser Szene. Als die Männer ihn auffordern, Stellung zu beziehen, bückt er sich und schreibt etwas auf die Erde. Er reagiert also nicht sofort, sondern er nimmt sich erst einmal Zeit und bringt damit Ruhe in die aufgeladene Situation. Wie oft rede oder handle ich schneller, als ich eigentlich denken kann. Auch hier ist Jesus ein gutes Vorbild.

S2: Mir ist aufgefallen, dass Jesus der Einzige in der Geschichte ist, der ganz im Hier und Jetzt ist. Die Schriftgelehrten und Pharisäer sind zwar zunächst in der Gegenwart präsent, als sie zu Jesus kommen, aber möglicherweise denken sie schon daran, wie sie Jesus zukünftig schaden können, wenn er gleich die falsche Antwort geben wird. Als Jesus auffordert: »Wer ohne Sünde ist, werfe den ersten Stein«, denken sie an das, was sie in der Vergangenheit falsch gemacht haben.

S1: Das ist richtig. Die Frau ist auch nicht im Hier und Jetzt, kann sie wahrscheinlich gar nicht sein, weil sie wohl einfach Angst hat, was mit ihr passieren wird. Jesus dagegen konzentriert sich ganz und gar auf das, was jetzt gerade dran ist, und holt auch die Frau am Ende in die Gegenwart zurück, indem er sie fragt, ob irgendjemand da wäre, um sie zu verdammen.

S2: Jesus hat uns immer wieder darauf hingewiesen, dass es darauf ankommt, im Hier und Jetzt zu leben. Er sagte einmal: »Seht die Vögel unter dem Himmel an«. Und er sagte: »Schaut die Lilien auf dem Feld an«. Beide Sätze verstehe ich so, dass wir uns nicht zu viele Gedanken machen sollten, was alles passieren könnte, sondern uns auf den Augenblick konzentrieren sollten.

S1: Das erinnert mich an die Geschichte von dem Mann, der gefragt wird, warum er trotz seiner vielen Beschäftigungen so glücklich sein könne. Er sagte: »Wenn ich stehe, dann stehe ich, wenn ich gehe, dann gehe ich, wenn ich sitze, dann sitze ich, wenn ich esse, dann esse ich, wenn ich liebe, dann liebe ich …« Da fielen ihm die Fragesteller ins Wort und sagten: »Das tun wir auch, aber was machst du darüber hinaus?« Er sagte wiederum: »Wenn ich stehe, dann stehe ich, wenn ich gehe, dann gehe ich, wenn ich …« Wieder sagten die Leute: »Aber das tun wir doch auch!« Er aber sagte zu ihnen: »Nein, wenn ihr sitzt, dann steht ihr schon, wenn ihr steht, dann lauft ihr schon, wenn ihr lauft, dann seid ihr schon am Ziel.«

S2: Den Augenblick genießen. Wie wichtig ist das! Ich möchte Sie zu einer kleinen Übung einladen. Schließen Sie die Augen und atmen Sie ganz ruhig durch die Nase in den Bauch hinein. Legen Sie nun Ihre rechte Hand auf den Bauch und spüren Sie Ihren Atem.

[*Hier bitte für ein paar Momente innehalten.*]

S2: Sie dürfen die Augen wieder öffnen und normal weiter atmen. Ich finde, das ist eine schöne Übung, um sich einmal herunterzufahren und sich auf den Augenblick zu konzentrieren. Auf den Atem in mir, den Gott mir geschenkt hat. »Gott gab uns Atem, damit wir leben«. In einem Gedicht von Rose Ausländer findet sich die Zeile: »Mein Atem heißt / jetzt«.

S1: Zum Thema Augenblick gibt es auch ein schönes Zitat von Meister Eckart, einem christlichen Mystiker des Mittelalters. Er schrieb einmal: »Die wichtigste Stunde ist immer die Gegenwart, der bedeutendste Mensch ist immer der, der dir gerade gegenübersteht, das notwendigste Werk ist stets die Liebe.«

S2: Wir wünschen Ihnen in dieser Sommerzeit viele schöne Augenblicke. Erfüllte Augenblicke – allein und mit anderen – in denen Sie zu sich selbst und zu Gott finden können. Und ich hoffe, dass auch die beiden Konfirmand*innen aus unserem Rollenspiel Zeit finden, um sich endlich einmal zu treffen.

Und der Friede Gottes, der höher ist als all unsere Vernunft, bewahre unsere Herzen und Sinne in Christus Jesus. Amen.

Lied »Gott gab uns Atem«, EG 432,1-3

Glaubensbekenntnis

Abkündigungen

Lied »Freuet euch der schönen Erde«, EG 510,1-5

Fürbitten und Vaterunser

Sendung und Segen

Musikalisches Nachspiel

9. Herbst:

MUSSTE ES SO KOMMEN?

Pilgerwanderung mit Andachten an Stationen

Einführung

»Wo gehn wir denn hin?
Immer nach Hause.«
(Novalis)

Pilgern ist »in« geworden – auch in der evangelischen Kirche. Nun muss etwas nicht gut sein, nur weil viele es auf einmal machen. Im Falle des Pilgerns ist aber etwas neu in den Fokus gekommen, das viele Menschen an religiöse Fragen heranführen kann, die mit den traditionellen Angeboten von Kirche nicht so viel anfangen können. Pilgern spricht aber auch die kirchlich Engagierten an, die offen für Neues sind. Religion muss sich – meiner Überzeugung nach – mit den Erfahrungen der Menschen verbinden lassen. Beim Wandern machen die Menschen körperliche Erfahrungen, die fast automatisch zu religiösen Fragen hinführen. »Was belastet mich auf meinem Weg?« ist zum Beispiel eine Frage, die sich mir auf einer Wanderung aufdrängen und die zu einem intensiven Nachdenken über mein eigenes Leben führen kann.[1]

1 Vgl. zu den theologischen Aspekten des Pilgerns: Anselm Grün, Auf dem Wege: zu einer Theologie des Wanderns, Münsterschwarzach 1983

In meiner ersten Gemeinde, der St. Jakobi-Kirchengemeinde in Hanstedt/Nordheide, habe ich 2003 eine Pilgerwanderung organisiert.[2] Diese erstreckte sich über 12 Kilometer an einem Samstagnachmittag und wurde durch geistliche Impulse auf dem Weg unterbrochen. Seitdem wird in dieser Gemeinde jedes Jahr im Herbst eine Pilgerwanderung unternommen.

In der Friedensgemeinde in Wiesmoor habe ich zweimal eine Pilgerwanderung geleitet, und zwar im Ihlower Forst. Dort ist zwischen 2005 und 2009 eine Klosterstätten-Imagination entstanden, die auf unseren Wanderungen jeweils zu einer Weg-Station wurde.

Die folgenden geistlichen Impulse könnten auch Teile eines Gottesdienstes sein, in dem über Wege und Lebenswege nachgedacht und die Möglichkeit gegeben wird, dies an unterschiedlichen Orten in der Kirche zu tun.

Es lohnt sich allerdings, sich tatsächlich auf den Weg zu machen. Nach meiner Erfahrung nehmen einige aus dem engeren Kreis der Mitarbeitenden teil, aber auch einige, die bisher nur selten Kontakt zur Gemeinde hatten oder sogar noch gar nicht. Es lohnt sich aber auch deshalb, weil es etwas mit uns macht, wenn wir uns auf den Weg machen: Wir geraten in Bewegung und möglicherweise geraten auch festgefahrene Strukturen in der Gemeinde und Denkmuster in Bewegung. Für eine Kirche, die sich als »wanderndes Gottesvolk« versteht, ist das ein immer wieder notwendiger Prozess.

2 Neben den Texten von Anselm Grün hat mich inspiriert: Sinfonia oecumenica, S. 344-363. Dort finden sich zwei ausformulierte Liturgien.

Ablauf

Station 1: Aufbruch

Begrüßung

Gebet

Reisesegen

Lied »Bewahre uns, Gott«, EG 171,1+4

Station 2: Weg-Lasten
Meditative Impulse und Geschichte

Station 3: Weg-Worte
Bibelwort-Collage

Station 4: Mein Weg
Biblische Geschichte und meditativer Impuls

Station 5: Am Ziel

Abschluss

Lied »Laudate omnes gentes«, EG 789.1

Gebet

Lied »Bleib mit deiner Gnade bei uns«, EG 789.7

Segen

Personen & Material

- Zwei Sprecher*innen (können auch mehr sein)
- Ggf. Kärtchen mit ausgedruckten Bibelversen
- Ggf. Steine (bei einer Andacht in der Kirche)

Musste es so kommen?

Station 1: Aufbruch (ca. 3 Min.)

Begrüßung

[*Für zwei Sprecher*innen.*]

S1: Herzlich willkommen!

Wir sind in der Kirche von N.N. Hier beginnt unser Pilgerweg.

Ursprünglich haben Menschen Pilgerreisen unternommen, um heilige Orte zu besuchen. Manchmal war Pilgern ein Akt der Buße. Es ging also oft darum, Gott näherzukommen und mit sich selbst ins Reine zu kommen.

Das ist auch die Antriebsfeder für viele Pilgerwanderungen in unserer Zeit: Menschen wollen sich selbst und Gott näherkommen. Beides hängt miteinander zusammen.

Wir wandern heute von einem heiligen Ort zum anderen: von der Kirche in N.N. zur Kirche in N.N.

Die Wegstrecke beträgt rund N.N. Kilometer. Auf dem Weg wird es drei Stationen mit geistlichen Impulsen geben. Bei der zweiten Station machen wir eine Pause.

Ein Weg bewegt etwas in uns. In diesem Sinne wollen uns die geistlichen Impulse zu einem anderen Blick auf unser Leben anregen.

S2: Jede Veränderung setzt voraus, dass wir uns auf den Weg machen. Jeder Weg beginnt mit einem Aufbruch. Es ist gut, dass Ihr heute aufbrechen wollt! Hinaus in die herbstliche Landschaft, die von Veränderung erzählt.

Hört Gottes Worte für den Aufbruch.

Im Hebräerbrief heißt es: »Wir haben hier keine bleibende Stadt, sondern die zukünftige suchen wir.« (Hebräer 13,14)

Um im 1. Buch Mose steht: »Und der HERR sprach zu Abram: Geh aus deinem Vaterland und von deiner Verwandtschaft und aus deines Vaters Hause in ein Land, das ich dir zeigen will.« (1. Mose 12,1)

Was lassen wir zurück? Von wem oder was ist uns heute die Trennung schwergefallen? Was wollen wir gerne hinter uns lassen? Was suchen wir?

Geh hinaus, sagt Gott. Und wenn wir unsere Augen und unsere Herzen öffnen, dann werden wir auch Neues entdecken.

Gebet

Lasst uns beten.

Du, unser Gott,
wir stehen am Anfang eines Weges.
Wir bringen alles mit, was uns
in den vergangenen Tagen und Wochen begegnet ist.
Manches davon freut uns.
Manches bedrückt uns.
Bitte mache uns frei für den Weg,
der jetzt vor uns liegt.
Stärke unsere Füße.
Öffne unsere Augen für das, was Du uns zeigen willst.
Schenke uns einen neuen Blick auf unser Leben.
Amen.

Reisesegen

Gott sei vor dir,
um dir den rechten Weg zu zeigen.
Gott sei neben dir,

um dich in die Arme zu schließen und dich zu
schützen.
Gott sei hinter dir,
um dich zu bewahren vor der Heimtücke
böser Menschen.
Gott sei unter dir,
um dich aufzufangen, wenn du fällst.
Gott sei in dir,
um dich zu trösten, wenn du traurig bist.
Gott sei um dich herum,
um dich zu verteidigen, wenn andere über dich
herfallen.
Gott sei über dir,
um dich zu segnen.
So segne dich der gütige Gott. Amen.

Lied »Bewahre uns, Gott«, EG 171,1+4

Station 2: Lasten auf dem Weg (ca. 3 Min.)

*An dieser Station soll sich jede*r Teilnehmer*in einen Stein suchen. Alternativ können auch mitgebrachte Steine verteilt werden.*

S1: Ein Stein. In meiner Hand.

Wenn wir gleich weitergehen, dann behalten wir diesen Stein in unserer Hand – und wir denken an die steinigen Wege in unserem Leben. Was waren besonders schwierige Wege? Befinde ich mich zur Zeit auch auf einem schwierigen Weg? Welche Dinge belasten mich besonders?

Wir gehen weiter und schweigen und gehen den Fragen in uns nach.

Ein paar Minuten später.

S2: Ich lese uns eine Geschichte vor.

Ein Mann mit Namen Ben Sadok kam eines Tages in eine Oase. Mit finsterer Miene zerrte er sein Reittier hinter sich her, zertrat die blühenden Pflanzen am Ufer der Quelle und blieb schließlich vor einer Palmengruppe stehen, die sich leicht im Wind schaukelte. Sein Blick fiel auf einen jungen Palmenbaum.

Er war besonders schön gewachsen und seine Palmwedel streckten sich der Sonne entgegen.

Da verdüsterte sich das Gesicht von Ben Sadok. Er suchte sich einen schweren Stein und legte ihn in die Krone der kleinen Palme. Diese neigte sich unter der schweren Last fast bis an den Boden. Mit einem hässlichen Lachen ritt Ben Sadok davon.

Nach vielen Jahren kam er wieder in die Oase. Er suchte sofort die Palme, die er mit dem Stein verstümmelt hatte. Aber an der Stelle, wo einst die kleine Palme stand, ragte ein mächtiger Palmenbaum in den Himmel. Ben Sadok sah ungläubig an der Palme empor und sagte: »Ich habe dir doch eine schwere Last zu tragen gegeben. Wie ist es möglich, dass du dennoch so groß und mächtig geworden bist und nicht verkrüppelt am Boden liegst?«

Die Palme rauschte mit ihren Palmwedeln und antwortete: »Deine Last, Ben Sadok, die du mir aufgebürdet hast, hat mich in all den Jahren stark gemacht!« Ben Sadok glaubte es immer noch nicht. Er kletterte an dem Stamm der Palme in die Höhe, bis er in das Palmenherz sehen konnte. Dort erblickte er tatsächlich den Stein, den er vor vielen Jahren der Palme zu tragen gab.[3]

S1: Manchmal wachsen wir an den Lasten, die wir zu tragen haben.

Manchmal ist es auch einfach gut, eine Last ablegen zu können. Das dürfen wir jetzt tun: Wir dürfen uns jetzt freimachen von der Last, die wir für eine Weile getragen haben. Wir legen unseren Stein an den Wegesrand, damit sich ein großes Steinmal ergibt.

Wenn alle Steine abgelegt sind:

Im 1. Petrusbrief heißt es: »All eure Sorge werft auf ihn; denn er sorgt für euch.« (1.Petrus 5,7)

Station 3: Weg-Worte (ca. 2 Min.)

Hier könnte eine Pause gemacht werden. Vor dem erneuten Aufbruch wird die folgende Text-Collage gesprochen.

S1: »Wir haben hier keine bleibende Stadt ...« (Hebräer 13,14a)

S2: »Geh aus deinem Vaterland!« (1. Mose 12,1a)

S1: »Herr, wohin?« (Johannes 6,66a)

S2: »Weise mir, Herr, deinen Weg, dass ich wandle in deiner Wahrheit.« (Psalm 86,11)

S1: »Gedenke an ihn!« (Sprüche 3,6)

S2: »Wir haben hier keine bleibende Stadt, sondern die zukünftige suchen wir.« (Hebräer 13,14)

3 Eine kurze Version dieses hier nacherzählten afrikanischen Märchens findet sich in: Willi Hoffsümmer (Hg.), Dankbarkeit erhebt die Seele, 140 Geschichten zum Vorlesen für Gottesdienst und Seniorenarbeit, Ostfildern 2013, S. 125f.

S1: »Herr, wohin sollen wir gehen? Du hast Worte des ewigen Lebens.« (Johannes 6,66)

S2: »Siehe, ich sende einen Engel vor dir her, der dich behüte auf dem Wege und dich bringe an den Ort, den ich bestimmt habe.« (2. Mose 23,20)

S1: »Er führet mich auf rechter Straße um seines Namens willen.« (Psalm 23,3b)

S2: »Den er hat seinen Engeln befohlen, dass sie dich behüten auf allen deinen Wegen.« (Psalm 91,11)

S1: »Verlass dich auf den Herrn von ganzem Herzen und verlass dich nicht auf deinen Verstand, sondern gedenke an ihn in allen deinen Wegen, so wird er dich recht führen.« (Sprüche 3,5-6)

S2: »Jesus Christus spricht: Ich bin der Weg und die Wahrheit und das Leben.« (Johannes 14,6)

S1: »Gedenke an ihn!« (Sprüche 3,6)

S2: »Und der Herr sprach zu Abram: Geh aus deinem Vaterland und von deiner Verwandtschaft und aus deines Vaters Hause in ein Land, das ich dir zeigen will.« (1. Mose 12,1)

S1: »Jesus Christus spricht: Ich bin die Tür; wenn jemand durch mich hineingeht, wird er selig werden.« (Johannes 10,9a)

S2: »Du stellst meine Füße auf weiten Raum.« (Psalm 31,9b)

S1: Sucht euch ein Bibelwort aus oder auch einige Worte oder ein Wort aus einem Bibelspruch und nehmt den Satz, die Worte oder das Wort mit auf den nächsten Wegabschnitt.

*Es können Kärtchen mit den Bibelworten vorbereitet sein, von denen jede*r Teilnehmer*in sich eines aussuchen kann.*

Station 4: Mein Weg (ca. 4 Min.)

S1: Ich möchte euch an eine bekannte Weg-Geschichte aus der Bibel erinnern.

Sie erzählt von zwei Jüngern von Jesus, die auf dem Weg von Jerusalem nach Emmaus sind. Sie sind traurig, weil Jesus gekreuzigt wurde. Mit ihm hatten sie eine so intensive Zeit erlebt. Sie hatten so viel Hoffnung auf ihn gesetzt. Und jetzt ist er nicht mehr da.

Plötzlich gesellt sich ein Fremder zu ihnen. Er fragt sie, worüber sie gesprochen hätten. Und sie erzählen ihm von Jesus und von ihrer Trauer. Sie sind so von ihrem Schmerz erfüllt, dass sie gar nicht merken, dass es der auferstandene Christus ist, der neben ihnen geht. Erst später werden sie ihn erkennen. Während sie zu dritt auf dem Weg sind, stellt der Fremde den beiden Jüngern eine Frage, die ihnen helfen soll, das Vergangene ganz neu zu sehen. Er fragt: »Musste nicht der Christus dies erleiden und in seine Herrlichkeit eingehen?«

S2: Der katholische Theologe Anselm Grün schreibt in einem Buch, dass er jahrelang mit Jugendlichen eine Woche zusammen gewandert sei und ihnen für eine stille Zeit auf dem Weg diesen Satz als Meditationswort mitgegeben hat. »Musste nicht der Messias all das erleiden, um so in seine Herrlichkeit zu gelangen?« Die jungen Leute sollten ihr gesamtes Leben im Lichte dieser Worte anschauen. Alles Schöne, was sie erlebt hatten, aber auch alle Enttäuschungen und Verletzungen.

Für Anselm Grün ist dieser Satz Jesu ein Schlüsselsatz geworden, der uns hilft, dass wir uns mit unserer Lebensgeschichte aussöhnen.[4]

Lasst uns auf dem nächsten Wegabschnitt auch diesen Satz mitnehmen: »Musste nicht der Messias all das erleiden, um so in seine Herrlichkeit zu gelangen?«

Wir blicken zurück auf unser Leben. Auf das Schöne und auch auf das Schwere. Manchmal wollten wir einen bestimmten Weg gehen, aber es kam anders. Wir mussten manche Wege beschreiten, die wir eigentlich gar nicht gehen wollten.

Hat Gott mich auf diese Wege geführt? Wollte er mir etwas damit zeigen? Hat er mich über Umwege zu einem anderen Weg geführt? Auf welchen Weg schickt er mich? Was ist meine persönliche Berufung auf dem Hintergrund meiner Lebensgeschichte?

»Musste nicht der Messias all das erleiden, um so in seine Herrlichkeit zu gelangen?«

Wir gehen weiter und bewegen diese Worte in uns.

Station 5: Am Ziel (ca. 3 Min.)

S1: Wir sind am Ende unseres gemeinsamen Weges angelangt. Unser Weg hat uns einiges abgefordert. Wir sind erschöpft. Aber wir haben es geschafft. Wir sind da!

S2: Der Dichter Novalis hat einmal geschrieben: »Wo gehn wir denn hin? Immer nach Hause.« Wir sind am Ziel unseres Pilgerweges. Aber hier ist nicht das

4 Vgl. Anselm Grün, Die Osterfreude auskosten. 50 Impulse, Münsterschwarzach 2002, S. 39-41.

endgültige Ziel unserer Lebensreise. Denn das ist bei Gott. Bevor wir bei ihm sind, sollten wir uns immer wieder auf den Weg machen und immer wieder ankommen. Wer gar nicht erst aufbricht, der verpasst das Leben. Wer aber immer nur unterwegs ist, wird rast- und ruhelos.

Deshalb ist es gut, dass wir hier sind; angekommen am Ziel unseres Pilgerweges. Hier können wir zur Ruhe kommen und neue Kraft schöpfen.

Im 23. Psalm heißt es von Gott: »Er erquicket meine Seele.« (Psalm 23,3a) Er erfrischt die Seele der Wanderin und des Wanderers. Und so können wir an unseren kleinen Zielen etwas von dem großen Ziel erahnen, wenn wir dann endlich zuhause und bei Gott geborgen sind.

Lied »Laudate omnes gentes«, EG 789.1

Gebet

Herr Jesus Christus, wir sind da.
Müde und dankbar.
Ein langer und schöner Weg liegt hinter uns.
Gemeinsam sind wir am Ziel.
Und Du bist bei uns.
So, wie Du damals auch bei den beiden Jüngern warst,
die auf dem Weg nach Emmaus waren.
Du bleibst bei uns, so wie Du mit uns warst,
als wir miteinander auf dem Weg waren,
als wir miteinander Rast und Mahl hielten,
als wir unsere Gedanken miteinander teilten,
als wir allein nachgedacht haben,

als wir staunten und uns freuten,
als wir miteinander gesungen und gebetet haben.
Lass uns in Dir vereint bleiben und verbunden.
Gemeinsam beten wir mit Deinen Worten:
Vater unser im Himmel ...

Lied »Bleib mit deiner Gnade bei uns«, EG 789.7

Segen

Gehet hin im Frieden des Herrn.
Der Herr segne Dich und behüte Dich.
Der Herr lasse leuchten sein Angesicht über Dir
und sei Dir gnädig.
Der Herr erhebe sein Angesicht auf Dich
und schenke Dir seinen Frieden.
Amen.

Idee zum Weiterdenken

Dieser Pilgerweg kann auch als Gottesdienst in der Kirche gehalten werden.

Hinführung und Abschluss, also Station 1 und 5, sollten dann umformuliert werden, die anderen Bausteine könnten weitgehend so bleiben.

Die Steine, um die es in Station 2 geht, könnten am Anfang verteilt und nach der Meditation an einer Stelle im Altarraum abgelegt werden, zum Beispiel am Taufstein.

Die Besinnung über den eigenen Lebensweg bei Station 4 könnte mit einem Spaziergang um die Kirche verbunden werden.

10. Erntedank:

ALLES ERSTRAHLT IN DEINEM GLANZ

Gottesdienst in fünf Abschnitten mit einem neuen Liedtext zu einer alten Melodie

Einführung

> *»Der Geist des lebendigen Gottes ist der ›Geist des Lebens‹ und dieser wird im geliebten Leben erfahren und in der Liebe zum Leben gelebt.«*
> *(Jürgen Moltmann[1])*

Wir haben in unserer Kirche zwar schöne Lieder, aber ich denke, dass wir immer wieder auch neue Lieder für unsere Gottesdienste brauchen. Ich selbst hatte nicht geplant, ein Kirchenlied zu verfassen. Dennoch hat es sich ergeben. Und das kam so: Meine Frau, unsere Kinder und ich waren vor einigen Jahren im Sommerurlaub auf Rügen und sangen dort in einem Gottesdienst unter anderem das Lied »Schönster Herr Jesu« (EG 403). Ich muss gestehen: Ich kannte das Lied bis zu dem Zeitpunkt nicht. Die Melodie sprach mich sofort an. Sie hat etwas Schlichtes, etwas Getragenes, ist melancholisch und fröhlich zugleich. Der Text überzeugte mich dagegen nicht. Eine junge Frau in

1 Jürgen Moltmann, Der lebendige Gott und die Fülle des Lebens: Auch ein Beitrag zur Atheismusdebatte unserer Zeit, Gütersloh 2014, S. 161.

der Bank hinter uns murmelte: »Furchtbar!« Ich persönlich würde das nicht so extrem ausdrücken. Mir gefällt es, dass Jesus als schön bezeichnet wird. Schwierig finde ich es aber, wenn die Schönheit Jesu und die der Schöpfung gegeneinander ausgespielt werden, wie es in der zweiten und dritten Strophe passiert. Dort heißt es zum Beispiel, dass Jesus schöner sei als die Wälder. Diese Sichtweise steigert sich in der vierten Strophe, in der drastisch auf die Vergänglichkeit der Blumen und der Menschen hingewiesen wird: »Sie müssen sterben, müssen verderben.« Ich halte es für theologisch äußerst fragwürdig, den Lobpreis Christi mit einer Abwertung des Weltlichen zu verbinden. Angemessener wäre es aus meiner Sicht, in der Schönheit, aber auch der Zerbrechlichkeit der Schöpfung Spuren Gottes zu entdecken.

Ich bin dankbar, dass ich die Melodie von »Schönster Herr Jesu« kennengelernt habe. Sie ging mir den gesamten Sonntag noch durch den Kopf. Als wir dann nachmittags mit dem Fahrrad durch einen Wald fuhren und auf einmal zu sehen war, wie das Sonnenlicht durch das Geäst hindurchbricht, entstand die erste Strophe eines neuen Textes für das Lied. Das war zunächst für mich genug. Erst einige Jahre später hatte ich – wieder im Sommerurlaub – die Idee, weitere Lebenserfahrungen zu beschreiben und diese vom christlichen Glauben her zu deuten. Eine weitere Idee war, dabei auf die Trinität Bezug zu nehmen: Gott begegnet uns als Schöpfer, in Jesus Christus und als Heiliger Geist.

Das Lied ist – wie die Lieder im Gesangbuch – nach den ersten Worten benannt: »Hell fallen Strahlen«. Mögliche Überschriften wären auch »Alles erstrahlt in Deinem Glanz!« oder »Dank sei Dir, o Herr!«

Der Dank steht am Ende jeder Strophe. Deshalb kann der folgende Gottesdienst gut in der Erntedankzeit gefeiert werden: zum Beispiel eine Woche vor oder nach dem Erntedankfest.

Ein wichtiger Impulsgeber war auch bei diesem Entwurf Jürgen Moltmanns Buch »Der lebendige Gott und die Fülle des Lebens«. Moltmann versteht dort das Christentum als Religion der Freude: »In Wahrheit aber ist Religion das Fest des Lebens und Beten ist zuerst das Jubeln über das Glück des Daseins.«[2] Die Freude über das Geschenk des Lebens, über die wunderbare Gnade Gottes führt zum Staunen, führt – auch in schweren Zeiten – zum Danken.

Hell fallen Strahlen

1. Hell fallen Strahlen
durch das Dach der Bäume.
Alles erstrahlt in Deinem Glanz!
Du bist der Schöpfer,
Schöpfer des Lichtes,
Dank sei Dir, o Herr, dafür.

2. Schwer fällt die Trauer
auf meine Wege.
Wie nur soll es weitergehen?
Jesus geht mit mir,
an meiner Seite.
Dank sei Dir, o Herr, dafür!

3. Schwer drücken Fehler
auf meine Seele.
Alles dreht sich nur im Kreis.
Du reichst die Hände.
Du, mein Befreier.
Dank sei Dir, o Herr, dafür!

2 Jürgen Moltmann, Der lebendige Gott und die Fülle des Lebens, S. 93.

4. Hell fällt die Liebe
in unsre Herzen.
Alles erstrahlt in Deinem Glanz!
Du bist die Quelle,
Quelle der Liebe.
Dank sei Dir, o Herr, dafür!

5. Sanft falle Regen
auf unsre Felder.
Gottes Segen sei mit uns!
Sein Geist bewege uns.
Sein Geist: Er öffnet uns.
Dank sei Dir, o Herr, dafür!

Text: Stefan Wolf 2019
Melodie: Glatz vor 1842
(EG 403, zweite Melodie)

Ablauf

Orgelmusik

Begrüßung

Lied »Hell fallen Strahlen«, Strophe 1

Predigt I

Biblische Impulse I

Lied »Meine Hoffnung und meine Freude«, FT 43

Gebet

Lied »Hell fallen Strahlen«, Strophen 2 und 3

Predigt II

Biblische Impulse II

Lied »Meine Hoffnung und meine Freude«, FT 43

Predigt III

Biblische Impulse III

Lied »Meine Hoffnung und meine Freude«, FT 43

Lied »Hell fallen Strahlen«, Strophen 4 und 5

Predigt IV

Biblische Impulse IV

Lied »Meine Hoffnung und meine Freude«, FT 43

Predigt V

Biblische Impulse V

Lied »Meine Hoffnung und meine Freude«, FT 43

Gebet

Vaterunser

Sendung und Segen

Lied »Schönster Herr Jesu«, EG 403,1

Orgelmusik

Personen & Material

- Drei Sprecher*innen für die biblischen Impulse
- Evtl. weitere Sprecher*innen für die Predigt

Alles erstrahlt in Deinem Glanz

Orgelmusik

Begrüßung

»Singet dem Herrn ein neues Lied!« Mit diesen Worten aus dem 96. Psalm begrüße ich Sie herzlich zum Gottesdienst.

Um ein neues Lied geht es heute. Oder besser gesagt: Es geht um einen neuen Text zu einer älteren Melodie aus dem Gesangbuch. Das Lied heißt im Original »Schönster Herr Jesu«. Der neue Text heißt »Hell fallen Strahlen«. Die erste Strophe bezieht sich auf ein besonderes Naturerlebnis. In den folgenden Strophen geht es um weitere Erfahrungen, die uns im Leben begegnen. Am Ende jeder Strophe steht der Dank. Manchmal geht er uns nur schwer über die Lippen. Oder wir vergessen ihn. Darum wollen wir uns einüben in das Danken in dieser Zeit.

»Singet dem Herrn ein neues Lied!« Mit diesen Worten gehen wir in diesen Gottesdienst, den wir feiern im Namen des Vaters, des Sohnes und des Heiligen Geistes. Amen.

Lied »Hell fallen Strahlen«, Strophe 1

Predigt I (ca. 3 Min.)

[*Von der Kanzel.*]

Die Gnade unseres Herrn Jesus Christus und die Liebe Gottes und die Gemeinschaft des Heiligen Geistes sei mit euch allen. Amen.

Langsam beginnt das Lied. Getragen. Mit tiefen, dunklen Tönen. »Hell fallen Strahlen / durch das Dach der Bäume.« Nach der zweiten Zeile folgt eine Atempause. Dann schwingen sich die Töne empor – so wie ein Vogel, der von Ast zu Ast springt, immer höher, bis er den Überblick hat: »Alles erstrahlt in Deinem Glanz!« Bei Glanz erfolgt eine kleine Pause, um dem ehrfürchtigen Staunen Raum zu geben.

Liebe Gemeinde, diesen Moment, den die erste Strophe des Liedes »Hell fallen Strahlen« beschreibt, kennen Sie wahrscheinlich auch: auf einer Waldlichtung fallen die Sonnenstrahlen durch das Geäst der Bäume – so, als ob man über den Baumkronen einen Scheinwerfer platziert hätte.

Ein Augenblick, in dem man sich staunend verlieren kann.

Es gibt viele solche besonderen Momente in der Natur. Ich erlebe sie etwa, wenn ich auf einem Berggipfel stehe oder wenn ich auf das Meer schaue.

In solchen Momenten kann ich zunächst nichts weiter als Staunen. Und dann komme ich mir klein vor. Aber ich fühle mich zugleich auch geborgen. Ich spüre, dass das, was ich gerade sehe und wahrnehme, nicht von Menschen gemacht ist oder zufällig entstanden ist. Wir sind von einer größeren Macht umfangen. Das macht mich demütig und dankbar. Ich bin nur eine kleine Welle im Ozean der Ewigkeit. Aber immerhin bin ich dabei. Als Geschöpf. Geschaffen und beschenkt. Atmend. Staunend.

Oft haben die besonderen Naturerlebnisse auch mit Licht zu tun: leuchtende Wolken über den Bergen, Sonnenfunkeln auf dem Wasser.

In vielen Religionen ist das Licht ein Hinweis auf das Göttliche. Jesus Christus sagt über sich: »Ich bin das Licht der Welt« (Johannes 8,12). Er erleuchtet unser Leben.

»Du bist der Schöpfer, Schöpfer des Lichtes, Dank sei Dir, o Herr, dafür.«

Biblische Impulse I

[*Für 3 Sprecher*innen. Am Taufstein.*]

S1: »Lobe den Herrn, meine Seele! Herr, mein Gott, du bist sehr groß; in Hoheit und Pracht bist du gekleidet. Licht ist dein Kleid, das du anhast. Du breitest den Himmel aus wie ein Zelt.« (Psalm 104,1-2)

S2: »Herr, wie sind deine Werke so groß und viel! Du hast sie alle weise geordnet, und die Erde ist voll deiner Güter.« (Psalm 104,24)

S3: »Der Herr ist mein Licht und mein Heil; vor wem sollte ich mich fürchten? Der Herr ist meines Lebens Kraft; vor wem sollte mir grauen?« (Psalm 27,1)

Lied »Meine Hoffnung und meine Freude«, FT 43

Gebet

Ewiger Gott,
wir kommen zu dir,
fragend und suchend.
Komm du auch zu uns!
Komm zu uns mit deiner Fülle,
du lebendiger Gott!
Amen.

Lied »Hell fallen Strahlen«, Strophen 2 und 3

Predigt II (ca. 3 Min.)

[*Am Lesepult.*]

Eben noch war alles schön. Ein Augenblick im Licht. Aber auf einmal ist alles anders. »Ain´t no sunshine when she´s gone«, singt Bill Withers. Wenn sie weg ist, scheint die Sonne nicht mehr.

»Schwer fällt die Trauer / auf meine Wege. / Wie nur soll es weitergehen?«

Ein geliebter Mensch ist nicht mehr da. Die Trauer fällt auf mich wie ein dunkler Vorhang, der mir die Sicht nimmt. Alles, was ich sehe, verdunkelt sich. Finster sind meine Gedanken, meine Gefühle und die Worte, die aus meinem Mund kommen. Der dunkle Vorhang ist schwer. Er behindert mich beim Gehen. Ich habe keine Kraft mehr. Und auch keine Lust. Warum sollte ich weitergehen? Ich weiß gar nicht, wo ich hin soll.

»Was habe ich bloß verbrochen? Warum tut Gott mir das jetzt an?« fragen manche in ihrer Trauer.

Andere sagen sich von Gott los, wenn sie Schlimmes erleben, weil sie nicht verstehen, wie das zusammenpassen soll: Gott und Schmerz? Kann das wirklich ein liebender Gott sein? Dann kann es ihn wohl nicht geben.

Ich finde es besser, mit Gott zu hadern, als ihn in die Wüste zu schicken. Denn wir brauchen ein Gegenüber. Ein Gegenüber, dem wir alles sagen können, dem wir auch unsere Fragen entgegenschleudern können. Ich glaube, er kann damit umgehen.

Gott ist das ewige Du, aus dem alles Leben hervorgeht.

In Jesus Christus zeigt er uns: Ich begleite euch, gerade in schweren Zeiten.

Trauerwege sind schwere Wege. Aber auch diese Wege gehen wir nicht allein.

»Jesus geht mit mir / an meiner Seite.«

Nach einer gewissen Zeit erkenne ich, wie ich getröstet und gestärkt wurde. »Dank sei dir, o Herr, dafür!«

Biblische Impulse II

[*Für 3 Sprecher*innen. Am Taufstein.*]

S1: »Der Herr ist nahe denen, die zerbrochenen Herzens sind, und hilft denen, die ein zerschlagenes Gemüt haben.« (Psalm 34,19)

S2: »Auch ihr habt nun Traurigkeit, aber ich will euch wiedersehen, und euer Herz soll sich freuen, und eure Freude soll niemand von euch nehmen.« (Psalm 16,22)

S3: »Du hast mir meine Klage verwandelt in einen Reigen, du hast mir den Sack der Trauer ausgezogen und mich mit Freude gegürtet.« (Psalm 30,12)

Lied »Meine Hoffnung und meine Freude«, FT 43

Predigt III (ca. 2 Min.)

[*Am Lesepult.*]

So wie die Trauer kann auch die Schuld auf mir lasten. »Schwer drücken Fehler / auf meine Seele.«

Ein falsches Wort. Ein verfehlter Moment. Es quält mich, dass ich immer wieder daran denken muss. Selbstvorwürfe und Ausreden wechseln sich in mir ab. Ich komme nicht weiter. »Alles dreht sich nur im Kreis.«

Oft suchen wir die Schuld bei anderen. Aber so kommen wir erst recht nicht weiter.

Es ist gut, wenn wir erkennen, was wir falsch gemacht haben. Aber wir halten uns zu oft an unseren Fehlern fest, zerfleischen uns in Selbstvorwürfen, bewegen uns nur im Kreis.

Alles, was uns quält, können wir Gott im Gebet anvertrauen. Er hört uns. Und er vergibt uns.

Vergeben heißt befreien. Befreien von der Schuld, von den Selbstvorwürfen.

Gott will unsere Freiheit. Er befreit das Volk Israel aus der Sklaverei in Ägypten. Er vergibt uns unsere Schuld, damit wir befreit in seinem Sinne leben. Er reicht uns die Hand, um uns aus dem Kreislauf der Selbstanklagen herauszuziehen.

»Du reichst die Hände. / Du, mein Befreier. / Dank sei Dir, o Herr, dafür!«

Biblische Impulse III

[*Für 3 Sprecher*innen. Am Taufstein.*]

S1: »Ich tilge deine Missetat wie eine Wolke und deine Sünden wie den Nebel. Kehre dich zu mir, denn ich erlöse dich!« (Jesaja 44,22)

S2: »Erforsche mich, Gott, und erkenne mein Herz; prüfe mich und erkenne, wie ich´s meine. Und siehe, ob ich auf bösem Wege bin, und leite mich auf ewigem Wege.« (Psalm 139,23-24)

S3: »Schaffe in mir, Gott, ein reines Herz, und gib mir einen neuen, beständigen Geist.« (Psalm 51,12)

Lied »Meine Hoffnung und meine Freude«, FT 43

Lied »Hell fallen Strahlen«, Strophen 4 und 5

Predigt IV (ca. 2 Min.)

[*Auf der Kanzel.*]

So wie das Sonnenlicht durch das Dach der Bäume fällt, so fällt die Liebe in unsere Herzen.

»Hell fällt die Liebe / in unsre Herzen. / Alles erstrahlt in Deinem Glanz!«

Wenn ich verliebt bin, wird es mir warm ums Herz. Und die Welt wird gleich ein bisschen heller.

Nach Liebe sehnen wir uns. Wir brauchen Menschen, die uns in ihr Herz schließen, die ein gutes Wort für uns haben. Und wenn ich solche Menschen gefunden habe und auch noch einen, der mich ganz besonders liebt: Was für ein Geschenk ist das!

Gott ist die Quelle der Liebe. In der Liebe, die wir hier und jetzt erfahren dürfen, können wir Spuren seiner Liebe zu uns erkennen.

Mit Gottes Liebe fängt unser Leben an. Doch unser Ausgangspunkt ist oft ein anderer. Wir sehen uns oft nur durch die Brille unserer Kritiker. Und die größten Kritiker sind wir selbst. Wir sehen oft nur das, was mangelhaft an uns ist. Es fällt uns schwer, uns selbst zu lieben.

Aus Gottes Blickwinkel ist vieles an uns nicht vollkommen. Aber er liebt uns trotzdem. Mit Gottes Liebe fängt unser Leben an. Das ist Gnade. Ein Geschenk.
Es macht mein Leben heller. Es lässt mich singen. Beschwingt. In hohen Tönen. »Du bist die Quelle, / Quelle der Liebe. / Dank sei Dir, o Herr, dafür!«

Biblische Impulse IV

[*Für 3 Sprecher*innen. Am Taufstein.*]

S1: »Die Liebe Gottes ist ausgegossen in unsre Herzen.« (Römer 5,5)

S2: »Niemand hat Gott jemals gesehen. Wenn wir uns untereinander lieben, so bleibt Gott in uns, und seine Liebe bleibt in uns vollkommen.« (1. Johannes 4,12)

S3: »Niemand hat größere Liebe als die, dass er sein Leben lässt für seine Freunde.« (Johannes 15,13)

Lied »Meine Hoffnung und meine Freude«, FT 43

Predigt V (ca. 3 Min.)

[*Im Altarraum.*]

»Sanft falle Regen / auf unsre Felder. / Gottes Segen sei mit uns!« Am Ende des Liedes klingt ein irisches Segenslied an. Ein Lied zum Abschied. Für die Reise.

Abschiede gehören zum Leben dazu. Aber auch Neuanfänge. Auch auf diesen Wegen sind wir nicht allein. Gott begleitet uns. Und er fängt immer wieder neu mit uns an.

Gott gibt uns seinen Geist mit. Und dieser Geist ist wie der Wind an der Küste. Er pustet uns durch. Er erfrischt uns und macht unseren Kopf wieder klar. Er bewegt uns: vom Chaos in die Klarheit, von der Verzagtheit zum Mut. Und er öffnet uns: für neues Vertrauen zu uns selbst, zu Gott, zu unseren Mitmenschen. Auf einmal ist da ein neuer »Spirit« unter uns.

»Sein Geist bewege uns. / Sein Geist: Er öffnet uns. / Dank sei Dir, o Herr, dafür!«

Licht in unserem Leben, Trost in der Trauer, Vergebung, Liebe, Abschied und Neuanfang – das sind alles Erfahrungen, die zum Leben dazu gehören.

Gut, wenn wir alles, was wir erfahren, mit Gott verbinden, wenn wir ihm alles hinhalten, was uns bewegt, und seine Spuren in unserem Leben suchen.

Alles können und dürfen wir Gott sagen. Aber vor allem anderen und nach allem anderen sollte der Dank stehen. Denn es ist nicht selbstverständlich, dass wir leben dürfen. Und es ist nicht selbstverständlich, dass Gott uns so sehr liebt, obwohl wir so oft seinen Willen missachten und andere Wege gehen.

Der Dank öffnet unsere Augen. So oft starren wir auf

das Schlechte, das wir erlebt haben. Oder wir stellen unsere Erfolge heraus. Der Dank lenkt unseren Blick auf das Licht in unserem Leben. Auf das Licht, das uns geschenkt wird. »Alles erstrahlt in Deinem Glanz!« Funken von diesem Glanz können wir an jedem Tag erkennen. »Dank sei dir, o Herr, dafür!«

Und der Friede Gottes, der höher ist als all unsere Vernunft, bewahre unsere Herzen und Sinne in Christus Jesus. Amen.

Biblische Impulse V

[*Für 3 Sprecher*innen. Am Taufstein.*]

S1: »Der Tröster, der Heilige Geist, den mein Vater senden wird, der wird euch alles lehren und euch an alles erinnern, was ich euch gesagt habe.«

S2: »Gott hat uns nicht gegeben den Geist der Furcht, sondern der Kraft und der Liebe und der Besonnenheit.« (2. Timotheus 1,7)

S3: »Und alles, was ihr tut mit Worten oder mit Werken, das tut alles im Namen des Herrn Jesus und dankt Gott, dem Vater, durch ihn.« (Kolosser 3,17)

Lied »Meine Hoffnung und meine Freude«, FT 43

Gebet

Du, unser Gott,
in deiner Nähe kommen wir zur Ruhe
und finden neue Kraft.
Von dir wird unsere Seele geheilt und befreit.
Du, Quelle der Liebe und des Lebens!
Quelle, die niemals versiegt.

Bei dir sehen wir das Licht
und erkennen unseren Weg.

Vater unser im Himmel …

Sendung und Segen

Lied »Schönster Herr Jesu«, EG 403,1

Orgelmusik

11. Reformationstag:

TROTZDEM VERTRAUEN

Gottesdienst mit Anspiel, Bibelwort-Collage, Zwischenrufen und Dialogpredigt

Einführung

> *»Den Sprung in den Glauben kann mir niemand abnehmen.«*
>
> *(Sören Kierkegaard)*

Wo Glauben ist, ist auch Zweifel. Selbst wenn sich der Zweifel nicht ständig meldet, ist er doch als stete Möglichkeit im Glaubenden präsent. Auch fromme Menschen kennen Zweifel.

Angeregt hat mich beim vorliegenden Entwurf u.a. das Buch »Weiß der Himmel ...? Wie ich über die Frage nach Leben und Tod stolperte und plötzlich in der Kirche saß« des Journalisten Tillmann Prüfer.[1] In diesem Buch erzählt Prüfer von einer Lebenskrise, die durch den Tod eines engen Freundes ausgelöst wurde und ihn auch zu einem neuen Nachdenken über den Glauben führte. Prüfer findet schließlich zu einem Glauben, den er im Wesentlichen als Vertrauen versteht und zu dem auch der Zweifel gehört.

Ich finde es wichtig, Zweifel auch im Gottesdienst Raum zu geben und dabei nicht grundsätzlich als Sünde zu brandmarken. Es gibt Phasen des Zweifels. Sie sind bei

1 Tillmann Prüfer, Weiß der Himmel ...? Wie ich über die Frage nach Leben und Tod stolperte und plötzlich in der Kirche saß, Gütersloh 2018.

jedem Glaubenden unterschiedlich häufig und intensiv. Gut, wenn wir darüber ins Gespräch kommen!

Zweifeln als grundsätzliche Lebenshaltung führt meines Erachtens allerdings zu Unzufriedenheit und Bitterkeit. Das führt zu der Frage, wie ich Zweifel überwinden kann oder wie ich trotz bedrängender und belastender Erlebnisse wieder Glauben finden kann. Darum geht es in dem Gottesdienst »Trotzdem vertrauen«.

Glauben ist für mich wesentlich Vertrauen. Dies gehört zu den Einsichten, die Martin Luther wiederentdeckt hatte. Auch deshalb passt es, den folgenden Gottesdienst am Reformationstag oder in den Tagen davor oder danach zu feiern.

Gottesdienste am Reformationstag stehen in der Gefahr, in der Vergangenheit zu verweilen, zum Beispiel wenn in ihnen nur die Lehre von Martin Luther entfaltet wird. Deshalb ist es wichtig, darauf zu schauen, was die Menschen heute umtreibt, und dies im Gottesdienst aufzunehmen. Reformation ist dann nicht allein ein historisches Phänomen oder ein theologischer Begriff, sondern ein Geschehen, das sich in mir immer wieder neu zu vollziehen hat.

Ablauf

Musikalisches Vorspiel

Anspiel »Zweifel und Vertrauen«

Begrüßung

Lied »Da wohnt ein Sehnen tief in uns«, FT 25

Bibelwort-Collage

Kyrie-Gebet: »Ich sage dir meine Zweifel, Gott« - dazwischen Lied »Herr, erbarme dich«, EG 178.11

Zwischenrufe: Trotzdem vertrauen

Musikalisches Zwischenspiel

Dialog-Predigt

Lied »Ich möchte Glauben haben«, EG 596,1-3

Psalm 139 – gemeinsam lesen

Lied »Du bist da«, FT 91

Gebete aufschreiben lassen – dabei Musik

Gebete vorlesen

Lied »Unser Vater«, FT 165

Abkündigungen

Segen

Lied »Wohin sonst«, FT 35

Musikalisches Nachspiel

Personen & Material

- Drei Sprecher*innen (mehr möglich)
- Stifte und Papier zum Aufschreiben der Gebete

»Trotzdem vertrauen«

Musikalisches Vorspiel

Anspiel »Zweifel und Vertrauen« (ca. 2 Min.)

[*Für drei Sprecher*innen.*]

S1 *(betritt den Altarraum)*

S2 *(kommt dazu)*

S1: Guten Morgen, wer bist du denn?

S2: Du müsstest mich eigentlich kennen. Ich bin dein Zweifel.

S1 *(verunsichert)*: Was? Woher soll ich dich kennen?

S2: Jetzt tu mal nicht so. Du fragst dich doch auch manchmal, ob du noch glauben kannst bei allem Leid, das es in der Welt und überhaupt in deinem Leben gibt. Wie kann Gott das alles zulassen?

S1 *(zerknirscht)*: Ja, du hast Recht. Ich kenne dich. Aber jetzt bin ich eigentlich hier, um Gottesdienst zu feiern.

S2: Gott? Eine schöne Vorstellung ... Guck dir die Welt doch an. Kannst du da noch an Gott glauben?

S3 *(betritt den Altarraum und sagt zu S2)*: Jetzt mach´ dich mal nicht so breit hier!

S2: Wer bist du denn?

S1: Ja, genau! Wer bist du?

S3 *(zu S1)*: Ich bin dein Vertrauen. Du kennst mich doch. Ich bin schon immer bei dir gewesen.

S1 *(freut sich)*: Du bist mein Vertrauen? Ja, natürlich kenne ich dich.

S2 *(nachäffend)*: Ich bin schon immer bei dir gewesen. *(zu S1)* Lass dich nicht einlullen. Vertrauen ist etwas für kleine Kinder. Nur wenn du mit mir gehst, bist du erwachsen!

S3: Das ist doch Unsinn! *(zu S1)* Lass dir nichts einreden! Mich brauchen alle. Erst durch mich findest du zum Glück.

S1: Jetzt hört mal beide auf! Ich stehe hier in der Kirche und auf einmal streiten sich Zweifel und Vertrauen in mir. Was soll ich machen? Wer von beiden hat Recht?

(Szene friert ein)

Begrüßung

Herzlich willkommen zum Gottesdienst!

Wir sind schon mitten im Thema: Um »Zweifel und Vertrauen« geht es heute. Das kennen wir wohl alle.

Zweifel können belastend sein. Aber könnte es sein, dass sie auch notwendig sind? Möglicherweise gehören Zweifel und Vertrauen zusammen.

Wir werden dieser Spur nachgehen in diesem Gottesdienst. Wir feiern ihn im Namen des Vaters, der unsere Fragen und Zweifel kennt, im Namen des Sohnes, der mit uns durch das Leben geht, und im Namen des Heiligen Geistes, der uns neues Vertrauen schenken will. Amen.

Lied »Da wohnt ein Sehnen tief in uns«, FT 25

Bibelwort-Collage (ca. 1,5 Min.)

[*Für drei Sprecher*innen. Die Sprecher*innen stehen an verschiedenen Orten im Altarraum.*]

S1: »Einige aber zweifelten.« (Matthäus 28,17)

S2: »Warum gibt Gott das Licht dem Mühseligen und das Leben den betrübten Herzen?« (Hiob 3,20)

S3: »Mein Gott, mein Gott, warum hast du mich verlassen?« (Psalm 22,2a)

S1: »Meister, fragst du nichts danach, dass wir umkommen?« (Markus 4,38)

S2: »Ich schreie, aber meine Hilfe ist ferne.« (Psalm 22,2b)

S3: »Ich schreie zu dir, aber du antwortest mir nicht; ich stehe da, aber du achtest nicht auf mich.« (Hiob 30,20)

S1: »Mein Gott, des Tages rufe ich, doch antwortest du nicht, und des Nachts, doch finde ich keine Ruhe.« (Psalm 22,3)

S2: »Als er aber den starken Wind sah, erschrak er und begann zu sinken und schrie: Herr, rette mich!« (Matthäus 14,30)

S3: »Jesus aber streckte sogleich die Hand aus und ergriff ihn.« (Matthäus 14,31)

S1: »Was seid ihr so furchtsam? Habt ihr noch keinen Glauben?« (Markus 4,40)

S2: »Alle Dinge sind möglich dem, er da glaubt.« (Markus 9,23)

S3: »Ich glaube; hilf meinem Unglauben!« (Markus 9,24)

Lied »Herr, erbarme dich«, EG 178.11

Kyrie-Gebet: »Ich sage dir meine Zweifel, Gott«

S1: Lasst uns beten.

Gott, warum gibt es so viel Leid in unserer Welt? Warum gibt es so viel Hunger in unserer Welt? Kinder werden geboren und müssen gleich wieder sterben ... Das darf nicht sein!

Gott, ich klage dir mein Leid!

Lied »Herr, erbarme dich«, EG 178.11

S2: Gott, so viel Schlimmes habe ich schon erlebt. So oft war mein Herz schon gebrochen. Ich weiß nicht, was ich alles noch ertragen kann. Warum, Gott, musste ich das nur erleben?

Gott, ich klage dir mein Leid.

Lied »Herr, erbarme dich«, EG 178.11

S3: Gott, es gibt Leute, die schon genug zu tragen haben. Und ausgerechnet die müssen dann noch etwas Schlimmes erleben. Warum ist das so? Wie kann das sein?

Gott, ich klage dir mein Leid!

Lied »Herr, erbarme dich«, EG 178.11

S1: Gott, bitte höre uns! Höre unsere Fragen und unsere Zweifel.

Stille.

S2: Hilf uns, Antworten zu finden.

Stille.

Amen.

Lied »Herr, erbarme dich«, EG 178.11

Zwischenrufe: Trotzdem vertrauen (ca. 3 Min.)

S1: »Vertrauen, dieses schwerste ABC«. Dieser Satz stammt von Hilde Domin, die von 1909 bis 2006 lebte und viele schöne, berührende und sinnreiche Gedichte geschrieben hat. Vertrauen muss ihren Worten zufolge immer wieder neu buchstabiert werden. Ein anderer schöner Satz von ihr über das Vertrauen findet sich so ähnlich auf ihrem Grabstein. Er lautet so: »Ich setzte einen Fuß in die Luft und sie trug.«

S2: Vor ein paar Wochen habe ich eine ältere Dame besucht. Sie hat schon viel Schweres erlebt. Zuerst starb ihr Mann. Und einige Jahre später ihr Sohn. »Manchmal frage ich, warum Gott das alles zulässt«, sagt sie. »Kennen Sie das auch?«, fragt sie mich. »Ja, ich kenne diese Frage auch«, antworte ich. »Aber dann«, fährt sie fort, »dann sehe ich die Blumen und sage mir: Das kann doch nicht alles zufällig hier sein. Das muss doch jemand gemacht haben!« »Das glaube ich auch«, erwidere ich und füge hinzu: »Manchmal muss ich zu Notfällen und frage mich: Wie soll ich das jetzt bloß hinkriegen? Und dann spüre ich, wie mir auf einmal die Kraft zuwächst.« »Das ging mir auch so«, sagt sie. »Ich habe immer die Kraft bekommen weiterzugehen. Dafür bin ich dankbar.«

S3: Tillman Prüfer ist ein Journalist. der sich in seinem Leben vom christlichen Glauben entfremdet hatte. Als einer seiner besten Freunde starb, begann er neu über den Glauben nachzudenken. Davon erzählt das Buch: »Weiß der Himmel ...? Wie ich über die Frage nach Leben und Tod stolperte und plötzlich in der Kirche saß«. Am Ende findet Prüfer zu einem Glauben, der den Zweifel in sich aufnimmt. In dem Buch berichtet er von einer Rede, die er in einem Gottesdienst gehalten hat. In dieser Rede sagte er unter anderem: »Ich glaube. Ich glaube, denn ich will glauben. Ich finde die Vorstellung, dass die Welt, in der wir leben, nur Zufall und Chaos ist, zu trostlos, als dass ich sie für wahr halten könnte. Ich glaube, dass es einen Sinn gibt, einen Sinn, in dem wir alle geborgen sind. Einen Sinn, der höher ist als das, was wir begreifen können. Ich denke, Glaube ist ein Weg mit vielen Irrungen. Und ich hoffe, Gott wird mich und uns alle auf diesem Weg begleiten.«[2]

2 Prüfer, S. 167.

Musikalisches Zwischenspiel

Dialog-Predigt (ca. 10 Min.)

[*Für zwei Sprecher*innen.*]

S1: Liebe Gemeinde, ich muss gestehen: Es gibt Situationen, die mich ins Zweifeln bringen. Wenn ein junger Mensch schwer krank wird oder sogar stirbt, dann tauchen Fragen in mir auf: Warum lässt Gott das zu? Gibt es überhaupt ein Leben nach dem Tod? Gibt es überhaupt einen Gott? Diese Fragen treiben mich dann herum, sie quälen mich.

S2: Ich kenne das auch von schweren Zeiten in meinem Leben. Da habe ich mich schon manchmal gefragt, ob Gott mich wirklich begleitet. Und dann habe ich mich oft so gefühlt, als würde mir der Boden unter den Füßen weggezogen werden.

S1: Zweifeln verunsichert. Und es kann schmerzhaft sein. Ich denke, dass alle, die glauben, auch den Zweifel kennen. Aber wer erzählt anderen von seinen Zweifeln? Das ist doch immer noch mit vielen Ängsten und auch mit Scham verbunden. Deshalb finde ich es befreiend, dass in diesem Gottesdienst die Zweifel zur Sprache kommen.

S2: Ich muss gestehen, dass ich mich früher auch nicht immer getraut habe, über Zweifel zu reden. Ich dachte, ich müsste glaubensstärker sein. Es gibt ja auch Christen, die Zweifel als Sünde sehen.

S1: Vielleicht wollen die nur von ihren eigenen Zweifeln ablenken. Wer glaubt, der kennt auch Zweifel. Das ist meine Meinung. Die Bibel erzählt auch von Zweifeln, ohne sie grundsätzlich zu verurteilen. Das finde ich sehr tröstend.

S2: Das stimmt. In den Psalmen kommen auch Zweifel zur Sprache. Oder im Buch Hiob. Auch die Jünger, die engsten Vertrauten von Jesus, haben manchmal gezweifelt.

S1: Jesus selbst hat im Garten Gethsemane mit sich gerungen, ob er Gottes Weg wirklich mitgehen will. Und am Kreuz hat er mit den Worten des 22. Psalms geschrien: »Mein Gott, mein Gott, warum hast du mich verlassen?«

S2: Ich denke auch an die Geschichte, in der Jesus den Sturm auf dem See stillt. Am Ende fragt er seine Jünger, die Angst gehabt haben, mit ihrem Schiff unterzugehen, streng: »Habt ihr noch keinen Glauben?«

S1: Ich empfinde seine Worte nicht als streng. Er will ihnen einfach Mut machen zu vertrauen. Für mich gehören zwei Dinge zusammen: Auf der einen Seite ist Zweifeln grundsätzlich keine Sünde. Auf der anderen Seite macht Jesus uns Mut zum Vertrauen. Zweifeln gehört zu uns, kann manchmal sogar notwendig sein. Aber wenn wir ständig zweifeln, dann verlieren wir den Mut, dann kann das Misstrauen uns beherrschen. Vertrauen dagegen bringt uns neuen Auftrieb. Und das Zweifeln führt oft genug zum Staunen.

S2: Das überzeugt mich. Beides sehen wir auch in der Geschichte von Thomas, dem Jünger, der nicht dabei ist, als sich der auferstandene Jesus seinen Vertrauten gezeigt hat, und deshalb ins Zweifeln gerät. Daraufhin kommt Jesus noch einmal zurück und zeigt ihm seine Wunden. Er fragt ihn dann zwar kritisch, ob er nur deshalb an ihn glaubt, weil er ihn nun gesehen hat, und weist darauf hin: »Selig sind die, die nicht sehen, und doch glauben« – und doch ist er nur wegen Thomas noch einmal zurückgekommen.

S1: Bei der Geschichte habe ich sofort diese wunderschöne Skulptur von Ernst Barlach vor Augen, in der Jesus und Thomas sich umarmen, wobei es so aussieht, dass Jesus den Thomas wieder aufrichtet.

S2: Die Skulptur finde ich auch sehr schön. Aber ich möchte noch auf etwas anderes hinaus: Mir ist eben deutlich geworden, dass der Zweifel in der Geschichte von Thomas ein anderer ist als der, der die Jünger befallen hatte, als sie in Seenot geraten waren. Der Zweifel der Jünger ist der Zweifel, der aus der Angst, dem Schmerz, dem Leid geboren wird und zum Hadern mit Gott führen kann. Der Zweifel von Thomas ist eher der Zweifel an Glaubenssätzen. Er fragt sich, ob und wie er daran glauben kann, dass Jesus auferstanden ist.

S1: Dieser Zweifel hat auch Jesus angetrieben in seiner Kritik an einem zu engen Verständnis der religiösen Gebote – und nach ihm dann unter anderem Paulus. Dieser Zweifel hat später Luther und viele Weggefährten von ihm bewegt in ihrer Kritik an der Ablasslehre und den damit verbundenen Glaubensüberzeugungen. Der Zweifel ist also ein reformatorisches Prinzip.

S2: Das erinnert mich an Tillmann Prüfer, der im Zweifel ein Korrektiv gegenüber dem Fundamentalismus sieht. Er schreibt: »Wir können viel Grausames sehen, was Menschen einander antun, weil sie denken, dass ihr Handeln von einer höheren Moral gedeckt wird. Weil sie angeblich einen unerschütterlichen Glauben an etwas haben. Oder weil sie keinen Zweifel zulassen. Deswegen ist Zweifel nicht Abwendung, für mich bedeutet er vor allem Demut.«[3]

S1: Am Ende dieses Abschnittes schreibt Prüfer die Worte über den Glauben, die wir gerade gehört haben. Der Zweifel gehört zu uns dazu, er mag sogar manchmal notwendig sein, aber ich möchte immer wieder zu einem Glauben finden, den ich als Vertrauen verstehe. Wenn ich vertraue, bin ich mit mir und der Welt im Einklang.

S2: Vertrauen ist ein reformatorisches Prinzip. Luther hat ja betont, dass Gottvertrauen Gnade ist, ein Geschenk. Insofern können wir das Vertrauen nicht finden, sondern uns nur immer wieder dafür öffnen.

S1: Ich glaube: Es gibt an jedem Tag so viele Momente, in denen Gott uns neues Vertrauen schenken will. Diese Momente können aus einer guten Nachricht bestehen, die ich bekomme, oder aus dem Sonnenlicht, das in den Garten scheint. Ich muss nur offen dafür sein.

S2: Und wenn wir in solchen Momenten von der Gnade berührt werden, dann habe ich wieder die Skulptur von Barlach vor Augen: Jesus richtet uns wieder auf.

Und der Friede Gottes, der höher ist als all unsere Vernunft, bewahre unsere Herzen und Sinne in Christus Jesus. Amen.

Lied »Ich möchte Glauben haben«, EG 596,1-3

Psalm 139 – gemeinsam lesen

Lied »Du bist da«, FT 91

3 Prüfer, S. 166.

Gebete aufschreiben lassen – dabei Musik

Gebete vorlesen

Lied »Unser Vater«, FT 165

Abkündigungen

Segen

Lied »Wohin sonst«, FT 35

Musikalisches Nachspiel

12. Buß- und Bettag:

WER WEISS, OB GOTT NICHT UMKEHRT?

Gottesdienst mit szenischen Lesungen

Einführung

»Die Überschrift meines Lebens sollte lauten:
Die Erbarmung Gottes.«
(Teresa von Avila)

In der ersten seiner 95 Thesen weist Martin Luther darauf hin, »dass das ganze Leben der Glaubenden Buße sei«.

Heute ist es wichtig, erst einmal zu erklären, was Buße bedeutet. Für mich folgt sie aus dem Nachdenken über das eigene Leben, aus dem Erkennen darüber: »Da habe ich mich falsch verhalten!« Buße ist Neuorientierung an den Worten Gottes, die heilsam für mein Leben sind, aber immer wieder in den Hintergrund rücken, weil ich mich von anderen Dingen locken lasse. Buße ist also die Umkehr von einem verkehrten Weg auf den, der gut für mich ist. Sie zielt auf einen neuen Anfang.

Dabei geht die Umkehr Gottes der Umkehr des Menschen voraus: Gott wendet sich uns immer wieder neu zu. Viele Worte und Geschichten der Bibel zeigen das – besonders die Geschichte von Jesus Christus: Anstatt die Menschen zu verdammen, reicht Gott ihnen die Hand zur Versöhnung und öffnet die Tür zur Ewigkeit.

Ein biblisches Buch, in dem Buße eine zentrale Rolle spielt, ist das Buch des Propheten Jona. Es beginnt mit Gottes Auftrag an Jona, gegen das »böse« Ninive zu predigen (vgl. Jona 1,1-2). Als Jona dann schließlich in Ninive angekommen ist – nach zuvor gescheiterter Flucht vor Gott – ist dieser Auftrag konkreter geworden: Jona soll Ninives Untergang innerhalb von 40 Tagen ansagen. Die Gerichtspredigt Jonas führt dazu, dass »die Leute von Ninive« Gott glauben und Buße tun. Daraufhin bereut Gott sein Vorhaben und lässt davon ab (vgl. Jona 3,1ff.).

Die Reihenfolge ist im Buch Jona zwar so, dass die Umkehr Gottes auf die Umkehr der Menschen folgt. Aber auch dort eröffnen sich erst neue Perspektiven, als sich Gott von seinem Zorn abwendet und damit umkehrt.

Außerdem wird deutlich, dass Gott grundsätzlich ein gnädiger und barmherziger Gott ist (vgl. Jona 4,2). Seine Gerichtsansage zielt nicht auf die Vernichtung, sondern auf die Umkehr des Menschen. Gott ist uns immer zugewandt, und er wartet darauf, dass wir uns ihm wieder zuwenden. Das Buch Jona nährt die Hoffnung, dass uns dies gelingen möge.[1]

Die folgenden Gottesdienst-Bausteine greifen Sätze aus dem Jona-Buch auf und verbinden sie mit biblischen Texten, die für den Buß- und Bettag vorgesehen sind (Psalm 130, Römer 2,1 und Lukas 13,6-9) und bringen sie in ein Gespräch über Gott und die Lage in unserer Welt.

Dabei wird Ninive als Symbolort für die reichen Industrienationen gezeichnet, die auf Kosten der ärmeren Länder leben.[2] So wird deutlich: Umkehr ist etwas, das in unserem

1 Vgl. zum Buch Jona: Jörg Jeremias, Theologie des Alten Testaments, Göttingen 2015, S. 443f.

2 Eine ähnliche Sichtweise findet sich in: Jürgen Ebach, Kassandra und Jona. Gegen die Macht des Schicksals, Frankfurt am Main 1987, S. 9ff.

Herzen beginnt, aber Folgen für unser Denken und Handeln haben muss.

Ablauf

Musikalisches Vorspiel

Begrüßung

Lied »Erneure mich, o ewigs Licht«, EG 390,1-3

Psalm

Kyrie-Lied »Kyrie eleison«, FT 59

Gebet

Szenische Lesung: Die Bosheit Ninives

Lied »Bleib mit deiner Gnade bei uns«, EG 789.7

Szenische Lesung: Noch vierzig Tage

Lied »Bleib mit deiner Gnade bei uns«, EG 789.7

Szenische Lesung: Wer weiß, ob Gott nicht umkehrt?

Gloria-Lied »Ins Wasser fällt ein Stein«, EG 603,1-3

Gebet und Vaterunser

Sendung und Segen

Lied »Bless The Lord, My Soul« FT 195

Musikalisches Nachspiel

Personen & Material

- Vier Sprecher*innen
- Liturg*in

Wer weiß, ob Gott nicht umkehrt?

Musikalisches Vorspiel

Begrüßung

»Gerechtigkeit erhöht ein Volk, aber die Sünde ist der Leute Verderben.« (Sprüche 14,34)

Mit diesen Worten, dem Bibelwort für diesen Tag, begrüße ich Sie und euch herzlich zum Gottesdienst am Buß- und Bettag.

Büßen: ein altes Wort. Um Umkehr geht es. Umkehr von einem falschen Weg.

In diesem Gottesdienst geht es um falsche und neue Wege; und um Gottes Wege mit uns. Wir feiern diesen Gottesdienst im Namen des Vaters, des Sohnes und des Heiligen Geistes. Amen.

Lied »Erneure mich, o ewigs Licht«, EG 390,1-3

Psalm

[*L=Liturg*in; G=Gemeinde*]

L: Aus der Tiefe rufe ich, Herr, zu dir.
Herr, höre meine Stimme!
Lass deine Ohren merken auf die Stimme meines Flehens! (Psalm 130,1-2)

G: Wenn du, Herr, Sünden anrechnen willst,
Herr, wer wird bestehen? (Psalm 130,3)

Kyrie-Lied »Aus der Tiefe rufe ich zu dir«, EG 597,1-4

Gebet

Du, mein Gott,
ich versuche oft, es zu verdrängen.
Ich sage mir oft: Buße, Umkehr habe ich nicht nötig.
Ich versuche doch, nach deinem Willen leben.
Was soll ich denn *noch* tun? *(kurze Pause)*
Aber, wenn ich ehrlich bin, mein Gott:
Ich verlaufe mich immer wieder.
Stille.
Hilf mir, Gott!
Reich mir deine Hand
und zeige mir deinen Weg
für mich.
Amen.

Szenische Lesung: Die Bosheit Ninives (ca. 2,5 Min.)

*[Für vier Sprecher*innen. S1 spricht von der Kanzel. S2, S3 und S4 stehen im Altarraum.*

*Vor Beginn sollte geklärt werden, dass die Gemeinde die szenischen Lesungen jeweils abschließt. Dazu kann jeweils ein*e Sprecher*in hervortreten und den Text, der z.B. auf einem Liederzettel abgedruckt ist, mit der Gemeinde verlesen.]*

S1: Im Buch des Propheten Jona steht geschrieben: »Es geschah das Wort des Herrn zu Jona, dem Sohn Amittais: Mache dich auf und geh in die große Stadt Ninive und predige wider sie; denn ihre Bosheit ist vor mich gekommen.« (Jona 1,1-2)

S2: Was war denn da los in Ninive?

S3: Das können wir nur vermuten. Am besten lesen wir in den Prophetenbüchern nach, was Gott zornig macht.

S4: Gute Idee. Die Propheten prangern immer wieder an, dass die Menschen Gott und seine Gebote vergessen. Beim Propheten Jesaja heißt es: »Höret, ihr Himmel, und Erde, nimm zu Ohren, denn der Herr redet: Ich habe Kinder großgezogen und hochgebracht, und sie sind von mir abgefallen!« (Jesaja 1,2)

S2: Außerdem wird kritisiert, dass die Reichen immer reicher werden und die Armen dabei vergessen. Einige Zeilen weiter steht im Buch Jesaja: »Weh denen, die ein Haus zum andern bringen und einen Acker an den anderen rücken, bis kein Raum mehr da ist und ihr allein das Land besitzt!« (Jesaja 5,8)

S3: Die Reichen werden immer reicher und vergessen die Armen. Das könnte ein Problem in Ninive gewesen sein.

S4: Das ist auch heute ein Problem in vielen Ländern.

S2: Das Problem, das Jesaja anspricht, gibt es heute in ähnlicher Form: In Brasilien wird der Regenwald gerodet und damit verlieren die indigenen Völker ihr Land. Die Menschen in den westlichen Industrienationen, also auch wir, profitieren davon. Denn das billige Fleisch in den Supermärkten oder die Gartenmöbel aus Teakholz werden auch auf Kosten der indigenen Völker produziert.[3]

S3: Unser Reichtum hat sich auf Kosten der Armen entwickelt. Die Armut der Länder auf der Südhalbkugel hängt auch mit dem Kolonialismus von früher und ungerechten Handelsbeziehungen heute zusammen.

3 Vgl.: https://www.misereor.de/presse/pressemeldungen-misereor/indigenen-voelkern-brasiliens-droht-ausloeschung, aufgerufen am 24. August 2021.

S4: Es geht also nicht nur um Ninive. Es geht um uns! Wir sind zwar nicht persönlich schuld am Schicksal ärmerer Länder. Aber wir sind eingebunden in eine Schuldgeschichte. Wir sollten nicht immer mit dem Finger auf andere zeigen. Wir sind mitverantwortlich.

S1: Im Brief an die Gemeinde in Rom schreibt Paulus: »Du kannst dich nicht entschuldigen, o Mensch, wer du auch bist, der du richtest. Denn worin du den anderen richtest, verdammst du dich selbst, weil du eben dasselbe tust, was du richtest.« (Römer 2,1)

G: Wenn du Herr, Sünden anrechnen willst,
Herr, wer wird bestehen? (Psalm 130,3)

Lied »Bleib mit deiner Gnade bei uns«, EG 789.7

Szenische Lesung: Noch vierzig Tage (ca. 2 Min.)

S1: »Und als Jona anfing, in die Stadt hineinzugehen, und eine Tagesreise weit gekommen war, predigte er und sprach: Es sind noch vierzig Tage, so wird Ninive untergehen.« (Jona 3,4)

S2: Noch vierzig Tage ... Ich finde es schlimm, dass Gott der Stadt ein Ultimatum setzt und in Erwägung zieht, sie zu zerstören. Damit trifft er doch auch die, die nichts Schlimmes getan haben.

S3: Vielleicht gab es gar nicht die, die nichts Schlimmes getan haben.

S2: Die gibt es doch immer.

S3: Bist du sicher? *(S2 schweigt)*

S4: Für mich ist hier der entscheidende Punkt, dass Gott zornig ist. Er ist nicht immer nur der liebe Gott, der über alles hinwegsieht, was wir hier auf Erden so tun.

S3: Mich erinnert diese Geschichten an den Weltklimabericht vom August 2021: Dort heißt es, dass bereits 2030 eine Erderwärmung von 1,5 Grad droht – zehn Jahre früher als bisher erwartet. Wetterextreme wie Hitzewellen oder Starkregen oder Stürme werden immer häufiger.

S2: Ich habe gelesen, dass 20 bis 30 Prozent aller Tier- und Pflanzenarten durch den Klimawandel vom Aussterben bedroht sind.

S4: Ich bin überzeugt davon: Das ist auch etwas, was Gott zornig macht.

S2: Vielleicht war es auch damals in Ninive so ...

S3: Was meinst du?

S2: Der drohende Untergang der Stadt war eine Folge des ungerechten, falschen Handelns der Menschen.

S4: Noch vierzig Tage ... Wie lange bleibt uns noch?

S1: Im Lukas-Evangelium steht im 13. Kapitel: »Jesus sagte ihnen dies Gleichnis: Es hatte einer einen Feigenbaum, der war gepflanzt in seinem Weinberg, und er kam und suchte Frucht und fand keine. Da sprach er zu dem Weingärtner: Siehe, drei Jahre komme ich und suche Frucht an diesem Feigenbaum und finde keine. So hau ihn ab! Was nimmt er dem Boden die Kraft? Er aber antwortete und sprach zu ihm: Herr, lass ihn noch dies Jahr, bis ich um ihn herum grabe und ihn dünge; vielleicht bringt er doch noch Frucht; wenn aber nicht, so hau ihn ab. (Lukas 13,6-9)

G: Wenn du Herr, Sünden anrechnen willst,
Herr, wer wird bestehen? (Psalm 130,3)

Lied »Bleib mit deiner Gnade bei uns«, EG 789.7

Szenische Lesung: Wer weiß, ob Gott nicht umkehrt?

(ca. 3 Min.)

S1: »Und als das vor den König von Ninive kam, stand er auf von seinem Thron und legte seinen Purpur ab und hüllte sich in den Sack und setzte sich in die Asche und ließ ausrufen und sagen in Ninive als Befehl des Königs und seiner Gewaltigen: Es sollen weder Mensch noch Vieh, weder Rinder noch Schafe etwas zu sich nehmen, und man soll sie nicht weiden noch Wasser trinken lassen; und sie sollen sich in den Sack hüllen, Menschen und Vieh, und heftig zu Gott rufen. Und ein jeder kehre um von seinem bösen Wege und vom Frevel seiner Hände! Wer weiß, ob Gott nicht umkehrt und es ihn reut und er sich abwendet von seinem grimmigen Zorn, dass wir nicht verderben.« (Jona 3,6-9)

S2: Das ist erstaunlich.

S3: Fast wie im Märchen.

S4: Ach, wenn das doch heute auch so wäre, dass die Menschen umkehren von ihren falschen Wegen!

S2: Buß- und Bettag: Dieser Feiertag mahnt uns zur Umkehr.

S3: Umkehr ist jederzeit möglich.

S4: Denn Gott kehrt auch um – und das zu unseren Gunsten.

S1: Als aber Gott ihr Tun sah, wie sie umkehrten von ihrem bösen Wege, reute ihn das Übel, das er angekündigt hatte, und tat´s nicht. (Jona 3,10)

S2: Das ist genial: Gott kehrt um und deshalb bekommen die Menschen eine neue Chance.

S3: Aber vorher sind die Menschen umgekehrt.

S2: So erzählt es das Buch des Propheten Jona. In anderen biblischen Büchern kehrt Gott um, ohne dass die Menschen sich vorher geändert haben. Er hofft, dass die Menschen sich von seiner Liebe bewegen lassen. Er wendet sich den Menschen zu, und sein Wunsch ist es, dass wir uns ihm zuwenden, mit ihm leben und nach ihm fragen. Denn ich glaube, er meint es gut mit uns.

S4: Über unserem Leben steht die Gnade Gottes.

S2: Ich darf leben: ein Geschenk.

S3: Ich werde geliebt, auch wenn ich oft nicht liebenswürdig bin.

S4: Ich darf einen neuen Weg beginnen, auch wenn ich mich vorher verirrt habe.

S1: Im Brief an die Römer steht: »Weißt du nicht, dass dich Gottes Güte zur Buße leitet?« (Römer 2,4b)

S2: Zuerst kommt es darauf an, Gottes Gnade in unserem Leben zu entdecken.

S3: Und die Schönheit der Schöpfung, die uns anvertraut ist.

S4: Und dann lasst uns umkehren.

G: Denn bei dem Herrn ist die Gnade
und viel Erlösung bei ihm. (Psalm 130,7b)

Gloria-Lied »Ins Wasser fällt ein Stein«, EG 603,1-3

Gebet und Vaterunser

Sendung und Segen

Lied »Bless The Lord, My Soul« FT 195

Musikalisches Nachspiel

Idee zum Weiterdenken

Die Konfirmand*innen oder die Jugendgruppe können in diesen Gottesdienst einbezogen werden, indem sie Anspiele präsentieren, die die Situation in Ninive deutlich machen.

FSC
www.fsc.org
MIX
Papier aus verantwortungsvollen Quellen
FSC® C083411

Klimaneutral*
Druckprodukt
ClimatePartner.com/14044-1912-1001

Penguin Random House Verlagsgruppe FSC® N001967

1. Auflage

Umschlagmotiv: © tomap49 – iStockphoto.com
Druck und Bindung: CPI books GmbH, Leck
Printed in Germany
ISBN 978-3-579-07184-8
www.gtvh.de